Avaliação e Treinamento do *Core*

Human Kinetics
com
Jason Brumitt
MSPT, SCS, ATC, CSCS*D

São Paulo, 2012

Instituto Phorte Educação
Phorte Editora

Diretor-Presidente
Fabio Mazzonetto

Diretora Executiva
Vânia M. V. Mazzonetto

Editor Executivo
Tulio Loyelo

Tradução
Carolina Loyelo

Revisão científica
Alexandre Evangelista

Core Assessment and Training
Copyright © 2010 by Human Kinetics

Avaliação e Treinamento do Core
Copyright © 2012 by Phorte Editora

Rua Treze de Maio, 596
Bela Vista – São Paulo – SP
CEP: 01327-000
Tel./fax: (11) 3141-1033
Site: www.phorte.com.br
E-mail: phorte@phorte.com

Sobre o Livro
Formato: 21 x 28 cm
Mancha: 16,5 x 23,5 cm
Papel: Offset 90g
nº páginas: 160
1ª edição: 2012

Este livro segue o novo Acordo Ortográfico da Língua Portuguesa

Equipe de Realização
Assistência editorial
Cyntia Vasconcellos e Emerson Charles

Assessoria editorial
Maria Apparecida F. M. Bussolotti

Edição de texto
Fernanda Fonseca (Preparação do original e copidesque)
Roberta Villar e Jaqueline Carou (Revisão)

Editoração eletrônica
David Menezes (Diagramação)
Ricardo Howards (Ilustrações)

Edição de vídeo
Cristian Ferreira Santana (Legendas)

Impressão

Nenhuma parte deste livro pode ser reproduzida ou transmitida de qualquer forma, sem autorização prévia por escrito da Phorte Editora Ltda.

CIP-BRASIL. CATALOGAÇÃO-NA-FONTE
SINDICATO NACIONAL DOS EDITORES DE LIVROS, RJ

A963

Avaliação e treinamento do *core* / Human Kinetics with Jason Brumitt ; [tradução Carolina Loyelo]. - São Paulo : Phorte, 2012.
   154 p. : il.

   Tradução de: Core assessment and training
   Inclui bibliografia
   ISBN 978-85-7655-380-9

   1. Educação física. 2. Abdome. 3. Tórax. 4. Exercícios físicos. 5. Aptidão física. 6. Traumatismos em atletas. 7. Exercícios terapêuticos - Métodos. 8. Sistema musculoesquelético. I. Human Kinetics. II. Brumitt, Jason.

12-9389.   CDD: 613.7
                            CDU: 613.71

21.12.12   28.12.12   041746

ph1715

Impresso no Brasil
Printed in Brazil

Este livro foi avaliado e aprovado pelo Conselho Editorial da Phorte Editora.
(www.phorte.com.br/conselho_editorial)

Sumário

Prefácio v

1 Introdução ao Treinamento do *Core* 1
O desafio de projetar programas de treinamento ótimos 1
Treinamento de *core* é o elo perdido. 4
Definindo treinamento de *core* 4
Resumo 8

2 Anatomia Funcional do *Core*. 9
Anatomia do *core* 9
Integração entre estrutura e funcionamento. 23
Resumo 26

3 A Entrevista com o Cliente: O primeiro
passo na avaliação de seu cliente 27
Obtenção de um histórico médico 27
Entrevistando seu cliente 28
Resumo 31

4 Avaliação Física e Testes Funcionais. 37
Descrições de avaliação física do tronco 37
Avaliação em pé 38
Avaliações sobre a mesa ou a esteira 44
Marcando os testes de resistência do tronco. 49
Resumo 49

5 Fundamentos do Desenvolvimento
de Programas 51
Análise de necessidades 51
Seleção dos exercícios 52
Princípios de periodização. 54
Treinamento de equilíbrio e de estabilidade. 56
Resumo 56

6 Exercícios para o *Core* 57

Melhorando a resistência e a força do *core*. 57
Aumentando a força do *core*. 80
Resumo 85

7 Flexibilidade do *Core*. 89

O que é flexibilidade? 89
Classificações dos alongamentos. 90
Utilização de rolos de espuma (*foam roll*) no alongamento 95
Alongamentos 96
Resumo 118

8 Treinamento Pliométrico 119

História da pliometria. 119
A ciência por trás da pliometria 119
Princípios do desenvolvimento de programas pliométricos 121
Pré-requisitos para o treinamento pliométrico 121
Outras considerações sobre o treinamento 122
Exercícios pliométricos 123
Resumo 132

9 Considerações Especiais para o Treinamento do *Core* 133

Lesões do *core* e considerações sobre o treinamento. 133
O *core* e a gravidez. 138
O *core* e o desempenho atlético 139
Resumo 142

Glossário. 143
Referências. 145
Índice Remissivo 150
Sobre o Colaborador 153
Menu do *DVD* 154

Prefácio

Treinamento de *core* é uma das tendências mais fortes em *fitness* e reabilitação. Nossa compreensão do papel que o *core* desempenha na saúde, na prevenção de lesões, no desempenho esportivo e na reabilitação cresceu dramaticamente nos últimos anos. Além disso, biomecanicistas e pesquisadores de medicina esportiva estão avançando continuamente nesta compreensão — novos avanços estão ocorrendo o tempo todo. O que era verdade há 10 anos não é verdade hoje!

Infelizmente, os termos *avaliação de* core e *treinamento de* core às vezes são empregados de maneira inadequada como uma frase genérica que descreve qualquer exercício ou série de exercícios com o objetivo de treinar esta região do corpo. Os conceitos de estabilidade do *core* são muitas vezes compreendidos incorretamente, resultando em programas de treinamento que são mal concebidos e por vezes perigosos.

Seja você um *personal trainer*, um treinador de força ou um profissional de reabilitação, você deve ser capaz de analisar adequadamente o funcionamento do *core* e ser capaz de implementar programas de treinamento seguros e eficazes. Isso permitirá que você ajude seus clientes a maximizar seus objetivos.

Para auxiliar sua compreensão de avaliações e exercícios de *core*, o *DVD* que acompanha o livro inclui demonstrações de vídeo que analisam técnicas apropriadas para muitos dos exercícios e avaliações. Ao longo do texto, avaliações e exercícios que são demonstrados no *DVD* são marcados com um ícone de *DVD*. Uma lista completa das avaliações e exercícios do *DVD* aparece na página 154.

Não há duas pessoas iguais e os programas de treinamento para duas pessoas também não devem ser iguais! *Avaliação e Treinamento de Core* irá ajudá-lo a melhorar sua capacidade para avaliar os parâmetros do funcionamento de *core* de seu cliente. Este livro também ajudará você a desenvolver o melhor programa individualizado para cada um de seus clientes.

1

Introdução ao Treinamento do *Core*

Profissionais de *fitness* e de medicina esportiva partilham o objetivo de desenvolvimento e implementação de programas de treinamento ótimos para seus clientes e atletas. Bilhões de dólares são gastos anualmente por indivíduos, escolas, universidades e equipes profissionais para construir atletas melhores e aprimorar o desempenho esportivo e humano. Da mesma forma, milhares de pessoas empregam os serviços de *personal trainers* a cada ano em um esforço para melhorar sua saúde e seu condicionamento físico. Apesar da busca do desempenho esportivo ótimo ou do condicionamento físico melhorado, pessoas que se exercitam (e muito menos aqueles que não se exercitam) não são imunes a lesões.

O DESAFIO DE PROJETAR PROGRAMAS DE TREINAMENTO ÓTIMOS

Com todos os avanços tecnológicos e todas as inovações em treinamento desenvolvidas para aprimorar o desempenho esportivo e humano, poder-se-ia supor que o risco de uma lesão por uso excessivo relacionada ao esporte ou ao trabalho seria uma coisa do passado. Infelizmente, este não é o caso. Consultórios médicos, pronto-socorros, clínicas de fisioterapia e centros de treinamento atlético estão com frequência cheios de atletas competitivos, esportistas de fim de semana e trabalhadores que procuram tratamento para lesões musculoesqueléticas. Bilhões de dólares em custos de cuidados com saúde são gastos anualmente pelos americanos que precisam de tratamento médico para lesões musculoesqueléticas.

Lesões na região lombar (ou dores na lombar) representam a maioria das lesões musculoesqueléticas.

Os custos econômicos associados às dores lombares são surpreendentes. Nos Estados Unidos, mais de US$ 25 bilhões são gastos anualmente no tratamento de pacientes que sofrem de dores lombares (Luo et al., 2004). O custo econômico total (custos de cuidados de saúde, perda de tempo de trabalho, perda de produtividade) relacionado à dor lombar foi estimado em quase US$ 200 bilhões por ano nos Estados Unidos (Katz, 2006).

Milhões de pacientes recebem tratamentos conservadores de profissionais como fisioterapeutas, treinadores atléticos, quiropráticos e massagistas. Pacientes que não conseguem melhorar com medidas conservadoras podem precisar de avaliações médicas mais extensas (incluindo estudos de imagem), prescrição de medicamentos para dor ou anti-inflamatórios e tratamentos invasivos como injeções ou cirurgia. Esses tratamentos médicos também apresentam riscos. Radiografias (raios X) expõem o corpo à radiação, medicamentos controlados podem apresentar efeitos colaterais negativos e intervenções cirúrgicas às vezes falham em aliviar a dor. Apesar dos recursos dedicados ao diagnóstico e ao tratamento da dor lombar, estratégias de tratamento ótimas continuam a fugir à memória de prestadores de cuidados de saúde. A melhor estratégia de tratamento pode ser prescrever um programa de exercícios abrangente, focado em treinar o *core*.

Por que Atletas e Clientes de *Fitness* Ainda Sofrem Lesões

Por que atletas ainda sofrem lesões? Uma razão provável é a concepção inadequada do programa de treinamento de força do atleta, incluindo uma deficiência em tratar de todos os potenciais fatores de risco de lesões. Ao desenvolver e implementar programas de

1

treinamento de força, muitos treinadores recorrem a suas próprias experiências passadas ou a conselhos de um "guru" de exercícios. Usar experiências passadas ou sugestões de especialistas em treinamento (que muitas vezes recorrem a suas próprias experiências passadas) pode ser útil para orientar o desenvolvimento inicial de um programa.

No entanto, essas sequências podem falhar em abordar um ou mais componentes importantes de um programa de treinamento abrangente. Para treinadores que estão buscando auxílio para o desenvolvimento de programas, uma opção melhor é acessar a literatura de pesquisa. Infelizmente, muitas vezes há uma **insuficiência** (ou falta) de boas pesquisas para ajudar a orientar as decisões sobre o desenvolvimento do programa. Este livro destaca programas de treinamento baseados em comprovações (quando disponível). Além disso, são apresentadas estratégias apoiadas por evidências para ajudar treinadores, profissionais de *fitness* e profissionais de medicina esportiva a desenvolver e implementar programas ótimos de treinamento do *core*. Essas estratégias permitem que criadores de programas preencham as lacunas na literatura de pesquisa para que possam criar programas eficazes para seus clientes.

Uma atleta de corrida do sexo feminino deve executar o mesmo programa de treinamento de força de um jogador de futebol americano do sexo masculino? É óbvio que não. No entanto, alguns atletas recebem um programa de treinamento "tamanho único". Embora alguns exercícios semelhantes possam ser executados por diferentes populações de atletas, o desenvolvimento do programa de treinamento de um atleta deve ser guiado pelos requisitos fisiológicos do esporte, bem como pelas necessidades de força e de condicionamento do indivíduo. Além disso, uma apreciação dos fatores de risco de lesões e a mecânica adequada do esporte devem ser consideradas no programa final de exercícios.

Para realçar os desafios de usar a literatura de pesquisa ao desenvolver um programa de treinamento de força, vamos olhar para a atleta do ensino médio do sexo feminino no esporte de corrida. Os corredores de resistência estão sob o risco de lesões em qualquer articulação da extremidade inferior. Pesquisas **epidemiológicas** com corredores de *cross country* do ensino médio constataram que atletas de *cross country* do sexo feminino apresentam maior risco de sofrer uma lesão na extremidade inferior relacionada ao esporte quando comparadas a seus equivalentes masculinos (Rauh et al., 2000; Rauh et al., 2006). Após sofrerem a lesão, a maioria dos atletas puderam voltar a correr após ser afastada por um a quatro dias. Embora esse tempo perdido para a lesão possa parecer curto, torna-se significativo se a lesão ocorre um ou dois

dias antes de uma competição encontro. Também é de importância a constatação de que, após sofrer uma lesão, o atleta de *cross-country* tem um aumento de quatro a cinco vezes em suas chances de lesionar novamente a mesma parte do corpo durante a temporada.

Uma vez demonstrado que uma população específica — nesse caso, a atleta corredoras — corre o risco (ou apresenta um maior risco de lesão que outro grupo), fatores potenciais de risco devem ser investigados. Inúmeros fatores de risco foram sugeridos como tendo um papel no início de uma lesão relacionada à corrida, mas há muito poucos artigos publicados que apoiam (ou refutam) essas alegações. Uma pesquisa epidemiológica foi conduzida para determinar a incidência da **síndrome do estresse do medial tibial (SEMT)** em atletas de corrida do ensino médio para identificar potenciais fatores de risco associados à essa lesão (Plisky et al., 2007). Alguns dos fatores de risco analisados nessa pesquisa incluíam sexo, **índice de massa corpórea (IMC)**, experiência em corrida, medição objetiva de mecânica dos pés e histórico de lesões por corrida. Atletas de corrida do sexo feminino apresentaram maior incidência de SEMT e apenas um fator de risco (IMC superior) demonstrou uma relação com um aumento do risco de SEMT.

As conclusões deste tipo de artigo epidemiológico deveriam influenciar instrutores de treinamento de força que desenvolvem programas de treinamento para atletas de corrida do ensino médio. No entanto, essa população de atletas — do ensino médio e do sexo feminino no esporte corrida — fornece um exemplo de uma insuficiência na literatura referente a cada fator potencial que pode aumentar o risco de lesões (esses fatores podem incluir fraqueza de quadril, baixa capacidade de resistência do *core* e amplitude de movimento assimétrica na região da lombar e do quadril). Em virtude da falta de pesquisas epidemiológicas que examinem todos os potenciais fatores de risco, desenvolver e implementar programas de treinamento que reduzam o risco de lesões pode ser um desafio.

Quando há falta de pesquisa (nesse caso, falta de artigos epidemiológicos e de programas de treinamento **baseados em evidências**), profissionais deveriam procurar outros estudos e artigos que usem populações semelhantes (por exemplo, corredores da faculdade em vez de corredores do ensino médio). Esses artigos complementares podem melhorar a capacidade de alguém de projetar um programa para a atleta de corrida do ensino médio.

Em tal estudo, um **dinamômetro portátil** foi usado para medir objetivamente a força de seis grupos musculares do quadril em 30 corredores recreativos (com idades variando entre 18 e 55 anos) que foram diagnosticados com uma lesão unilateral por uso excessivo relacionada à corrida (Niemuth et al., 2005). Os pesquisadores compararam esses resultados aos de um grupo de controle de corredores não lesionados. Eles não encontraram diferenças significativas na força do quadril do grupo de controle e o lado saudável do quadril dos corredores lesionados. No entanto, no grupo experimental (corredores lesionados), uma fraqueza significativa foi encontrada nos abdutores e flexores do lado lesionado do quadril. Além disso, os adutores do quadril eram significativamente mais fortes do lado lesionado. Embora não se possa concluir uma relação de causa e efeito a partir desse estudo, os resultados indicam que a fraqueza ou a instabilidade muscular do quadril pode ser associada a lesões de corrida.

Em outro estudo, pesquisadores identificaram retrospectivamente fraqueza do abdutor do quadril em corredores de distância com **síndrome da banda iliotibial** (**SBI**) (Fredericson et al., 2000). Corredores que tinham sido diagnosticados com SBI demonstraram fraqueza significativa nos abdutores do quadril quando comparados a controles não lesionados. O grupo experimental era composto de 24 corredores de longa distância universitários ou federados que compareceram a uma "clínica de lesões de corredores" para avaliação e foram diagnosticados com SBI. Eles foram comparados a um grupo de controle constituído por 30 corredores de distância das equipes de corrida ou de atletismo da Universidade de Stanford. Aqueles que foram diagnosticados com SBI participaram posteriormente de um programa de reabilitação de seis semanas. O programa de terapia envolveu uma ou duas sessões de **modalidades** terapêuticas acompanhadas de uma progressão por um programa de exercícios padronizado (consistindo de dois exercícios de fortalecimento para o glúteo médio e dois exercícios de alongamento). Os atletas lesionados que participaram do programa de reabilitação obtiveram um aumento de 35% (mulheres) a 51% (homens) na força de torção do abdutor do quadril. Além disso, 22 dos 24 atletas retornaram a seu esporte após seis semanas. Essa série de casos é um estudo importante que contribui para a crença médica de que a fraqueza de quadril em corredores de distância pode afetar negativamente a biomecânica, contribuindo assim para lesões relacionadas ao uso excessivo da extremidade inferior.

As conclusões desses artigos sugerem que a fraqueza dos músculos do *core* pode ser um fator no início de uma lesão relacionada à corrida. Embora pesquisas adicionais futuras sejam necessárias, a pesquisa indica que um programa de treinamento de força para essa população deveria abordar a fraqueza do *core*.

Ainda menos pesquisas estão disponíveis para orientar a prescrição de exercícios para o cliente não atleta. A maioria das pesquisas em medicina esportiva se centrou no atleta de competição (de nível de ensino médio a profissional). A literatura definitivamente carece de pesquisas relacionadas ao atleta recreativo ou ao esportista de fim de semana. Além disso, é difícil encontrar pesquisas epidemiológicas ou programas de treinamento apoiados por evidências para aqueles com empregos que envolvem trabalho manual intensivo. Apesar dos avanços no campo da **ergonomia**, da implementação de programas corporativos de prevenção de lesões e da educação de empregados sobre a mecânica de levantamento adequada e a consciência corporal, lesões musculoesqueléticas relacionadas ao trabalho continuam a ocorrer. Essas lesões contribuem para perda de produtividade, custos elevados com cuidados de saúde e diminuição da qualidade de vida do empregado.

O que Está Faltando em Programas Atuais?

Às vezes, atletas e clientes não seguem os programas de treinamento ou de reabilitação concebidos para eles. Em alguns casos, esse problema (embora não seja simples) pode ser remediado motivando o cliente adequadamente (Brown, 2004; Middleton, 2004; Milne et al., 2005; Muse, 2005; Sabin, 2005). No entanto, o problema frequentemente resulta da falha do profissional de treinamento de força (por exemplo, treinador de *fitness*, instrutor de força ou profissional de medicina esportiva) em desenvolver e implementar um programa abrangente de treinamento.

A criação de programas pode ser extremamente desafiadora. Um profissional de treinamento pode se sentir atordoado apenas tentando descobrir por onde começar. Seria fácil se um programa de treinamento universal pudesse ser prescrito para um indivíduo com base em seu esporte ou em suas metas funcionais. A vantagem de um programa ou protocolo de "livro de receitas" é que ele pode oferecer sugestões de treinamento que se supõem benéficas por outros treinadores, instrutores ou profissionais de reabilitação. Infelizmente, programas de "livro de receitas" não consideraram as diferenças individuais entre os atletas ou os clientes.

A seguir, estão expostos casos clínicos que representam exemplos de clientes ou de atletas vistos todos os dias em salas de treinamento atlético, clínicas de reabilitação e centros de *fitness*. Enquanto você lê cada cenário, tente identificar potenciais fraquezas funcionais ou limitações de cada cliente. Em seguida, pense em algumas ideias de treinamento para ajudar a corrigir essas disfunções.

- **Cenário médico 1:** Uma mulher de 35 anos quer retomar um programa de corrida. No passado, ela corria para manter o condicionamento físico. Ela também participou de corridas de fim de semana de 5 e 10 quilômetros no passado e deseja ser capaz de fazer isso novamente. Ela fez uma cesariana há 4 meses e não corre há mais de um ano e meio. Essa cliente apresentará fraqueza abdominal relacionada à cesariana e provavelmente também apresentará fraqueza ou instabilidade muscular nos músculos remanescentes do *core*. A incapacidade de abordar a disfunção e a fraqueza musculares pode contribuir para o aparecimento de uma lesão na lombar ou nas extremidades inferiores relacionada à corrida. A adição de um programa de treinamento do *core* pode ajudar a reduzir o risco de sofrer uma lesão.
- **Cenário médico 2:** Um lançador de disco do ensino médio frequentemente tensiona os músculos da região inferior de suas costas. Ele geralmente experimenta um episódio de dor lombar quando treina mais que 2 horas em um dia. Ele está atualmente executando um programa de treinamento (que seu treinador adaptou de um *site* de atletismo) que inclui agachamentos e avanços. Ele é capaz de demonstrar energia e força adequadas com base na quantidade de peso que ele consegue levantar, mas algo está obviamente faltando. Avaliar a capacidade de resistência de seus músculos do *core* é crucial. A fadiga desses músculos afetará a maneira como as forças são geradas e transferidas através de sua cadeia cinética quando ele lança.
- **Cenário médico 3:** Uma mulher de 23 anos sofre de dor em ambos os joelhos há 3 anos. Suas três tentativas anteriores de fisioterapia não conseguiram reduzir sua dor ou melhorar sua capacidade funcional. Ela trabalha como transcrevente médica e é geralmente sedentária. Ela continua a fazer os exercícios prescritos anteriormente por seu fisioterapeuta: extensão de joelho e alongamento de panturrilha para fortalecer os flexores do quadril e o quadríceps e alongamentos para os isquiotibiais. Um programa de reabilitação ou de pós-reabilitação é completo se enfatiza apenas o quadríceps e os isquiotibiais? Há estudos que sugerem que a musculatura do quadril desempenha um papel crucial na biomecânica das extremidades inferiores. Fraqueza no quadril pode afetar substancialmente as tensões que sofreu no joelho.

TREINAMENTO DE *CORE* É O ELO PERDIDO

Nos cenários descritos na seção anterior, os programas de exercícios provavelmente falharam porque faltava um componente essencial: o treinamento de *core*.

O **treinamento de *core***, um termo popular no mundo do *fitness* e da reabilitação, ainda é mal compreendido. Nos programas de treinamento prescritos por alguns treinadores ou terapeutas, a escolha dos exercícios para o treinamento da região central do corpo (ou a ausência desses exercícios) é muitas vezes chocante. Treinamento de estabilidade de *core* deveria servir de base para todos os programas de treinamento e de reabilitação. Treinamento de *core não deveria* promover ou causar disfunções nos clientes! Profissionais de *fitness* que seguem os conselhos de um "guru" de treinos podem causar problemas para os seus clientes. Esses treinadores podem usar o exercício "esta é a bola da vez" ou implementar um programa de treinamento genérico para *todos* os seus clientes, independentemente de suas necessidades e objetivos individuais.

As estratégias descritas neste livro irão ajudá-lo a desenvolver e implementar programas de treinamento de *core* baseados em evidências e que reduzem o risco de lesões e maximizam o desempenho do cliente (desempenho esportivo ou funcional). Para desenvolver programas de treinamento ótimos, você deve ser capaz de avaliar as necessidades funcionais de seus clientes, identificar seus pontos fracos e prescrever os exercícios adequados. Este texto orienta você pelo processo de avaliação, testes e prescrição de exercícios de *core*.

DEFININDO TREINAMENTO DE *CORE*

Antes de desenvolver um programa de treinamento de *core*, você deve ter uma compreensão do *core* e de seus papéis funcionais exclusivos. O *core* é a região do corpo constituída pelos músculos e pelas articulações do abdômen, da lombar, da pélvis e do quadril. Uma visão geral da estrutura muscular humana é apresentada na Figura 1.1 (uma análise básica de anatomia funcional é fornecida no Capítulo 2). Os músculos do *core* têm uma função dupla. A primeira função é proteger (estabilizar) a coluna dorsal contra forças excessivas (e potencialmente prejudiciais); a segunda função é a criação e a transferência de forças em uma sequência proximal-distal (Kibler et al., 2006). **Sequenciamento proximal-distal** se refere a como uma

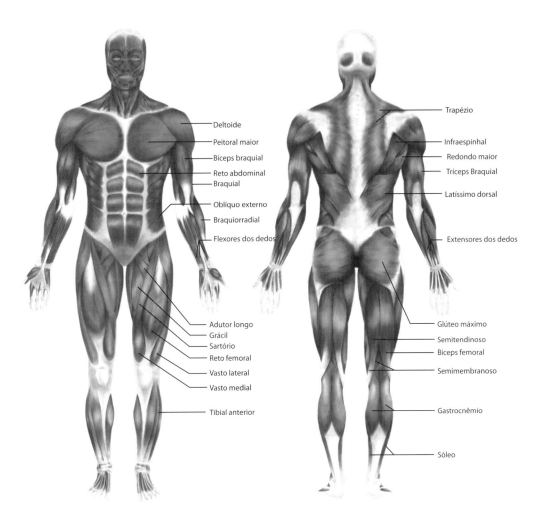

Figura 1.1 Estrutura muscular do humano adulto do sexo masculino, vista *(a)* frontal e *(b)* traseira. O tronco consiste nos músculos e articulações do abdômen, da lombar, da pélvis e do quadril.
Reproduzido, com permissão, de NSCA, 2008, Biomechanics of resistance exercise, de E. Harman. In: *Essentials of strength training and conditioning*, 3. ed., editado por T. Baechle e R. Earle (Champaign, IL: Human Kinetics), p. 68.

força pode ser gerada ou criada e, em seguida, transferida através do corpo. Uma maneira fácil de compreender o sequenciamento proximal-distal é pensar no movimento de lançamento no beisebol. Conforme o lançador inicia seu *wind-up*, ele está gerando uma força com sua perna traseira. Durante o movimento de lançamento, essa força é transferida da extremidade inferior (proximalmente) através do corpo para o braço que lança (distalmente) para maximizar a velocidade do lançamento.

Quando os músculos do *core* estão funcionando de forma ótima, a pessoa será capaz de executar atividades atléticas ou funcionais com segurança. Quando há disfunção, o desempenho da pessoa sofrerá, e ela também pode ficar sob maior risco de lesão.

Dois termos associados ao treinamento de *core* são *estabilidade do* core e *estabilização do* core. Esses termos se referem à capacidade dos músculos do *core* de proteger a coluna (os termos também são usados para descrever os exercícios que promovem a estabilidade do *core*). Estabilidade do *core* (para atletas) foi definida como "a capacidade de controlar a posição e o movimento do tronco sobre a pélvis para permitir a produção, a transferência e o controle de força ótimos e o movimento para o segmento terminal em atividades atléticas integradas (ou cadeia cinética)" (Kibler et al. 2006, p. 189). A falha em treinar adequadamente esses músculos irá limitar a eficiência do *core* em fazer seu trabalho. *Treinamento de* core, então, é o processo de utilizar exercícios específicos para maximizar os papéis funcionais exclusivos do *core*.

Quantos de seus clientes estão realizando exercícios básicos de *core*? A resposta deveria ser todos eles. Todos os clientes de *fitness*, atletas, pacientes de reabilitação e clientes de pós-reabilitação se beneficiarão da inclusão de exercícios de *core* em seus programas de treinamento individualizados.

Melhorando o Condicionamento Físico

Muitos clientes que procuram os serviços de profissionais de *fitness* têm apenas uma compreensão básica do treinameno de *core*. Para muitos, seu treinamento de *core* anterior pode ter sido limitado pela ignorância. Alguns podem acreditar que exercícios de *core* só podem ser executados usando aquele equipamento único que viram em um comercial tarde da noite. Para outros, treinar o *core* é igualado a realizar exercícios baseados em aparelhos, como o remada sentada e o *pulley* costas. Infelizmente, algumas pessoas se associam a academias caras com o único objetivo de ter acesso aos aparelhos que supostamente isolam músculos importantes do *core*. Na verdade, a maioria dos clientes pode realizar exercícios de *core* sem o uso de quaisquer aparelhos!

Os serviços que você fornece como um *personal trainer* ou instrutor de força podem ser os únicos serviços relacionados à saúde e ao *fitness* procurados por alguns de seus clientes. Se este for o caso, você deve ouvir atentamente o histórico e os objetivos exclusivos do cliente. Você deve considerar todas as doenças que podem justificar um encaminhamento a um médico ou prestador de cuidados de saúde adequado. Você deve, então, escolher exercícios sensatos que maximizem o potencial do cliente.

Aviso

Em um esforço para impedir que seus clientes fiquem entediados, alguns profissionais de *fitness* prescrevem exercícios que não têm um propósito funcional ou são potencialmente perigosos. Evite que seus clientes executem truques de circo! Um exemplo de truque de circo seria fazer um indivíduo não atleta de 55 anos executar um exercício de *pulley* enquanto se equilibra em uma única perna em um BOSU. Como você verá mais adiante neste livro, muitos dos melhores exercícios para promover a estabilidade do *core* são executados em posturas estáticas ou em um plano de movimento. Esses exercícios requerem nenhum ou o mínimo equipamento. Fazer alterações sutis nesses exercícios funcionais básicos aumentará o desafio para o cliente sem sacrificar a segurança pessoal dele.

Prevenindo Lesões e Reabilitando Clientes

Como mencionado anteriormente, lesões nas costas são uma das condições mais comuns tratadas por médicos, osteopatas, fisioterapeutas e quiropráticos. Infelizmente, há uma falta de consenso entre os profissionais de saúde quanto ao melhor modo de tratar pacientes que sofrem de dores nas costas. Para prevenir o aparecimento de uma lesão nas costas, um grama de prevenção pode realmente valer um quilo de cura.

Dores lombares afetarão até 80% da população dos Estados Unidos (Rasmussen-Barr et al., 2003). Alguns sofrem lesões na lombar como resultado de um evento traumático, como um acidente de automóvel ou uma queda de um lugar alto. Nessas situações, é pouco provável que uma sequência de treinamento de força ou um programa de prevenção de lesões pudesse ajudar a pessoa a evitar essas lesões. Entretanto, a maioria dos pacientes que sofrem de dor lombar desenvolve uma lesão por sobrecarregar repetidamente as articulações e os músculos que envolvem a coluna vertebral. Muitas dessas lesões podem ser evitadas se um programa de treinamento de força apoiado em evidências for aplicado.

Profissionais de treinamento precisam mudar a forma como veem pessoas que realizam trabalhos fisicamente exigentes. Assim como um atleta, trabalhadores exigem de seus corpos desempenho em níveis elevados e por períodos prolongados de tempo. Apenas com base nisso, pessoas que realizam tarefas intensivas devem ser consideradas *atletas industriais* ou *ocupacionais*. Espera-se que atletas realizem exercícios para evitar lesões e melhorar seu desempenho. Atletas industriais deveriam fazer o mesmo. Alguns empregados podem receber programas de treinamento especializados em organizações e empresas modernas, mas isso está longe de ser o padrão. O desenvolvimento de programas de bem-estar (incluindo exercícios de treinamento de *core*) para pessoas em profissões fisicamente exigentes é um mercado emergente para profissionais de treinamento de força.

O programa de reabilitação de um atleta industrial lesionado deve incluir treinamento de *core*, independentemente de a pessoa ter uma lesão nas costas ou em outro local. Pesquisadores testaram bilateralmente a força isométrica do quadril de indivíduos que haviam sido submetidos a uma cirurgia unilateral de joelho (Jaramillo et al., 1994). Uma fraqueza significativa foi encontrada em flexores, extensores, abdutores e adutores do quadril no lado da cirurgia. Esse artigo não foi capaz de demonstrar

Exemplo de Caso: Trabalhador Lesionado com Baixa Resistência de *Core* e Padrões de Movimento Disfuncionais

Um homem de 42 anos com um trabalho fisicamente exigente foi encaminhado à fisioterapia com diagnóstico de lombalgia. Seu trabalho exigia o levantamento de cargas que variavam entre 25 e 100 libras (11,3 a 45,4 kg) repetidamente ao longo do dia. Ao tentar fazer um "levantamento leve" (suas palavras) de 50 libras (22,7 kg), ele sentiu uma estalo em suas costas e caiu de joelhos. Ele descreveu como "uma dor inicialmente intensa com espasmos musculares ao longo de suas costas". Ele marcou uma consulta com seu médico, que prescreveu remédio para a dor, descanso e fisioterapia.

A primeira seção de fisioterapia do paciente foi duas semanas após o início da lesão. Ele informou que seus sintomas tinham melhorado e sua dor tinha diminuído significativamente. Durante a parte de entrevista da avaliação fisioterápica, ele disse o seguinte ao fisioterapeuta: "Não sei ao certo por que estou aqui. Estou tão forte como um boi; posso levantar o que eu quiser."

Esse paciente estava igualando costas boas (saudáveis) à capacidade de levantar cargas de trabalho necessárias. O fisioterapeuta avaliou a força do paciente, descobrindo que ele estava excessivamente fraco não apenas em sua musculatura do *core* (baixa capacidade de resistência dos músculos da região central), mas também funcionalmente. Ele não foi capaz de demonstrar técnicas apropriadas de agachamentos e avanços. Em virtude da incapacidade deste paciente de usar seus músculos do *core* para estabilizar e proteger sua coluna, ele estava usando, em vez disso, padrões disfuncionais de movimento toda vez que tentava levantar um objeto. Ele provavelmente usou uma mecânica corporal a cada vez que realizou um levantamento. Técnicas de levantamento inadequadas, especialmente com cargas pesadas, transmitirão cargas **maiores** para sua coluna. Com o tempo, tecidos falharão, acarretando em lesões e disfunções.

---

uma relação direta de causa e efeito entre a fraqueza de quadril e a necessidade de cirurgia no joelho; no entanto, os resultados desse estudo destacam a importância de tratar a musculatura do *core* como parte de um programa de reabilitação abrangente.

Consequências significativas podem ser associadas a algumas lesões atléticas. Lesões na coluna e no quadril relacionadas ao esporte podem resultar em uma perda de tempo de treinamento ou de exercícios, em competições perdidas, em incontáveis horas de reabilitação ou, possivelmente, no fim da carreira do atleta. Um corpo crescente de pesquisa destaca como a fraqueza do *core* em atletas pode contribuir para o aparecimento de uma lesão relacionada ao esporte.

Em um estudo, pesquisadores realizaram uma investigação prospectiva para avaliar os efeitos da fraqueza do *core* sobre a incidência de lesões esportivas (Leetun et al., 2004). Os pesquisadores analisaram medições de pré-temporada de força do quadril e de resistência do *core* para determinar se um determinado número era associado com o aparecimento de uma lesão relacionada ao esporte durante a temporada. Cento e quarenta atletas de seis faculdades foram testados menos de duas semanas antes de iniciar os treinos. Usando um dinamômetro, os pesquisadores colheram valores isométricos para abdução e rotação externa de quadril. Medidas de resistência de

core foram coletados usando testes de resistência conforme descrito por McGill (ver Capítulo 4) (McGill, 2002).

Os pesquisadores concluíram que atletas do sexo feminino eram significativamente mais fracas nos abdutores do quadril, nos rotadores externos do quadril e nas medidas de resistência da lateral do tronco (teste de resistência lateral) que seus equivalentes masculinos (Leetun et al., 2004). Atletas masculinos também tendem a ser mais fortes do que as mulheres nos outros testes. Aqueles que tiveram uma lesão durante a temporada demonstraram fraqueza significativa tanto na abdução como na rotação externa do quadril. Fraqueza de pré-temporada dos rotadores externos do quadril foi determinada como o melhor previsor para atletas que mais tarde sofreram uma lesão na extremidade inferior.

Em outro estudo, pesquisadores testaram prospectivamente a força do quadril (glúteo máximo e médio) em atletas de faculdade para determinar se as instabilidades de força do quadril aumentavam a probabilidade de um atleta precisar de tratamento para dores lombares (Nadler et al., 2001). Oito por cento de todos os atletas testados (13 de 163) precisaram do tratamento durante o ano seguinte. Não surpreende que 6 dos 13 atletas tinham um histórico de dores lombares. A diferença percentual entre a força do extensor do quadril esquerdo e direito de uma atleta do sexo feminino foi estatisticamente significativa como um previsor de que o tratamento para dor lombar seria necessário. Concluiu-se que todas as outras relações eram insignificantes. Os pesquisadores concluíram que as descobertas desse estudo apoiam a noção de uma relação entre instabilidade muscular do quadril e o aparecimento de dores lombares em atletas do sexo feminino.

Outro grupo de pesquisadores gravou valores médios e máximos para a força dos músculos abdutores e extensores do quadril em 210 (70 mulheres e 140 homens) atletas universitários da NCAA (Associação Atlética Universitária Nacional)[1] (Nadler et al., 2000). Esses valores foram gravados durante o exame físico de triagem pré-participação dos atletas. Esta pesquisa foi realizada para determinar se existe uma relação entre atletas que demonstram força de quadril assimétrica e aqueles que têm um histórico de dores lombares ou lesões na extremidade inferior. Atletas do sexo feminino que reportaram uma lesão de extremidade inferior ou dor lombar no ano anterior demonstraram uma diferença estatisticamente significativa na força máxima de extensão do quadril entre os dois lados. Atletas do sexo masculino que relataram um histórico de dor lombar ou lesões na extremidade inferior não demonstraram diferenças entre os lados na força do quadril.

Em um estudo diferente, golfistas que tinham um histórico de dores lombares mostraram significativamente menos rotação interna e externa do lado do quadril que fica à frente ao executarem a tacada quando comparados a golfistas sem histórico de dores lombares (Vad et al., 2004). Os golfistas com histórico de dores lombares também demonstraram menos flexibilidade na extensão lombar.

Os exemplos anteriores mostram que um *core* disfuncional pode contribuir para que um atleta sofra uma lesão nas costas relacionada ao esporte. Treinamento de estabilidade do *core* pode ajudar a reduzir o risco de lesão do atleta, ajudar na reabilitação após uma lesão e melhorar o desempenho atlético (Chiu, 2007).

Melhorando o Desempenho Atlético

Exercícios de estabilização da coluna também servem para melhorar o desempenho atlético. O *core* é um componente do sistema funcional de ligação cinética. Por exemplo, atletas que realizam lançamentos sobre a cabeça vão gerar energia a partir de suas extremidades inferiores e transferir essas forças através do *core* para a extremidade superior. Esse sequenciamento proximal-distal possibilita que a extremidade superior alcance a máxima aceleração

à velocidade mais alta possível (Kibler, 1998). A ativação disfuncional de musculatura do *core* também deixa o atleta sob risco de lesionar um segmento distal. O lançador de beisebol que tem um *core* disfuncional continuará buscando desempenho em seu nível ideal no final do jogo. As forças geradas pelas pernas serão transferidas de forma incompleta para a extremidade superior. O lançador automaticamente irá compensar isso tentando gerar mais torque no ombro. Repetir essa sequência muitas vezes pode provocar cargas excessivas no ombro, resultando em uma lesão do manguito rotador. Estabelecer capacidade de resistência e força adequadas do tronco não só reduzirá o risco de lesões, mas também melhorará o desempenho atlético.

RESUMO

Agora você deve compreender a necessidade de incluir exercícios para o *core* em programas de treinamento para todos os clientes e atletas. O desenvolvimento inadequado de programas ou a falha em incluir exercícios para o *core* pode limitar a eficácia do programa de treinamento de um indivíduo. A falha em tratar de fraqueza do *core* pode colocar um cliente ou um atleta sob maior risco de sofrer uma lesão relacionada ao esporte ou ao trabalho. O corpo crescente de evidências de pesquisa está apontando para o papel crucial do treinamento do *core* na prevenção de lesões, na reabilitação e no desempenho esportivo e humano. Ao longo deste livro, são apresentados programas de treinamento e de reabilitação baseados em evidências (quando disponível). Além disso, estratégias apoiadas por evidências são apresentadas para ajudar treinadores, profissionais de *fitness* e de medicina esportiva a desenvolver e implementar programas ideais de treinamento do *core*. Pesquisas relacionadas ao treinamento do *core* estão engatinhando e sem dúvida, com o tempo, mais publicações de pesquisadores de medicina esportiva melhorarão nossa capacidade de criar programas de treinamento de *core* eficazes e seguros.

Este livro é dividido em quatro partes. A parte I fornece a fundamentação científica por trás do treinamento de tronco; a parte II aborda como avaliar a força e a flexibilidade do *core* de um cliente e como interpretar os resultados; a parte III descreve como desenvolver um programa de treinamento de *core* apoiado por evidências com base nas deficiências funcionais do cliente; a parte IV oferece uma análise das lesões osteomusculares comuns relacionadas ao tronco. Cada parte complementa as outras para aumentar a sua capacidade de desenvolver programas ótimos para o treinamento da estabilidade do *core*.

---

[1]Nota da tradutora.

2
Anatomia Funcional do *Core*

O *core* é a região central do corpo humano, consistindo de estruturas musculoesqueléticas do abdômen, da coluna vertebral, da pélvis e do quadril (Kibler et al., 2006). O *core* funciona para gerar movimento, criar e transferir forças e proporcionar estabilidade. Um núcleo disfuncional pode limitar o desempenho de um cliente ou atleta e pode aumentar o risco de se sofrer uma lesão. Profissionais de *fitness* devem ser capazes de testar o cliente funcionalmente de modo a identificar um *core* instável. Um conhecimento prático da anatomia funcional do *core* melhorará sua capacidade de identificar músculos fracos ou rígidos e de reconhecer padrões disfuncionais de movimento. Ter esse conhecimento aprimorará a maneira como você cria um programa de treinamento para o *core* e sua capacidade de se comunicar com outros profissionais.

Este Capítulo apresenta uma análise da anatomia funcional básica do *core*, destacando os papéis funcionais de músculos-chave do *core* para garantir estabilidade e movimento. Este Capítulo *não* fornece um amplo estudo anatômico ou biomecânico do *core*. Consulte um texto universitário de anatomia para uma análise mais abrangente. Dois textos adicionais de referência (relacionados ao *core* e à anatomia) que todos os profissionais de treinamento de força deveriam possuir são *Low Back Disorders: Evidence-Based Prevention and Rehabilitation, Segunda Edição* (Human Kinetics, 2007), de Stuart McGill, e *Kinetic Anatomy, Segunda Edição* (Human Kinetics, 2006), de Robert Behnke.

ANATOMIA DO *CORE*

Bons treinadores de força e profissionais de *fitness* sabem como prescrever um treinamento de força ou um programa de reabilitação e como fazer um indivíduo progredir nesse programa. Ótimos treinadores de força e profissionais de *fitness* têm um conhecimento sólido de anatomia, valorizam a biomecânica das articulações e são capazes de avaliar forças e fraquezas funcionais. Esses profissionais também têm a habilidade de integrar esses componentes ao desenvolver um programa abrangente de treinamento individualizado.

Anatomia Óssea

A anatomia óssea do *core* inclui a coluna vertebral, a pélvis e as articulações do quadril (Figura 2.1). A coluna vertebral é composta por 33 vértebras, discos intervertebrais, numerosos ligamentos e músculos associados. De cima para baixo, as cinco regiões vertebrais são a coluna cervical (7 vértebras), a coluna torácica (12 vértebras), a coluna lombar (5 vértebras), o sacro (5 vértebras fundidas) e o cóccix (4 vértebras fundidas) (Figura 2.2). A coluna vertebral se conecta à pélvis por meio do sacro (Figura 2.3). A pélvis fornece forma para a base do tronco e consiste de três partes: o ílio, o ísquio e o púbis. A intersecção dessas três partes ajuda a formar o acetábulo, que é a cavidade em que a cabeça do osso da coxa (fêmur) se encaixa (Figura 2.3). Isso é chamado de articulação acetabulofemoral ou do quadril.

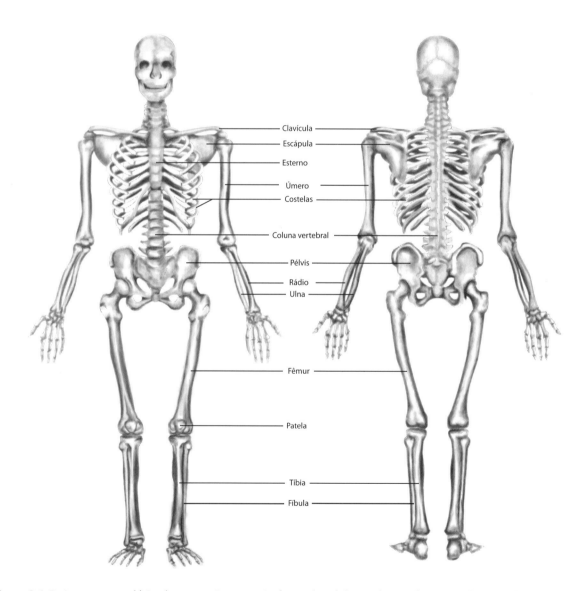

Figura 2.1 O sistema esquelético humano. A anatomia óssea do núcleo inclui a coluna vertebral, a pélvis e as articulações do quadril.
Reproduzido, com permissão, de NSCA, 2000, The biomechanics of resistance exercise, por E. Harman. In: *Essentials of strength training and conditioning*, 2. ed., editado por T. Baechle e R. Earle (Champaign, IL: Human Kinetics), p. 27.

A região lombar (junto com o sacro e cóccix) fornece estrutura para as partes posterior e inferior do *core*. Embora a importância das regiões adjacentes do *core* nunca deva ser minimizada, deve-se dispensar atenção e consideração especiais à região lombar. Como profissionais de saúde podem confirmar, a coluna lombar está sob risco de inúmeras lesões. Mais de 80% de todas as pessoas nos Estados Unidos tiveram ou terão pelo menos um episódio de lombalgia (Trainor e Wiesel, 2002; Rasmussen-Barr et al., 2003). Bilhões de dólares são gastos anualmente em tratamentos operatórios e não operatórios para a lombar (Young et al., 1997; Luo et al., 2004; Katz, 2006).

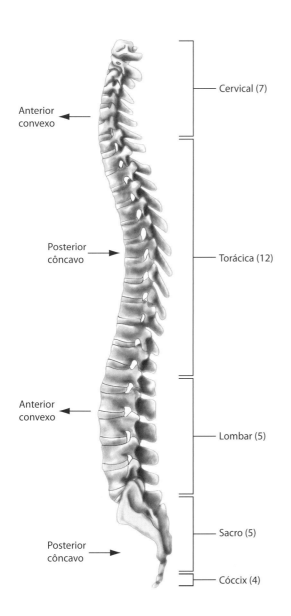

Figura 2.2 A espinha dorsal, mostrando as cinco regiões vertebrais.
Reproduzido de R. Behnke, 2005, *Kinetic Anatomy*, 2. ed. (Champaign, IL: Human Kinetics), p. 120.

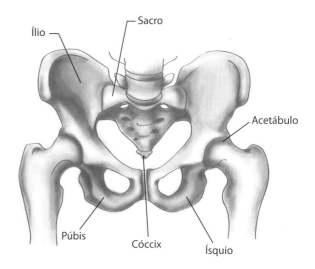

Figura 2.3 O sacro e a pélvis.
Reproduzido, com permissão, de R. Gotlin, 2008, *Sport injuries guidebook* (Champaign, IL: Human Kinetics), p. 188.

Discos Intervertebrais

Discos intervertebrais se situam entre cada uma das vértebras cervicais, torácicas e lombares. Discos são constituídos por três componentes: o núcleo pulposo, o anel fibroso e as placas terminais (Figura 2.4). Os discos ajudam a absorver choques e a permitir a mobilidade entre cada uma das vértebras. Lesões em um disco podem causar dor significativa e podem necessitar intervenção cirúrgica.

Músculos da Coluna Vertebral

Os músculos da coluna vertebral são agrupados em três níveis: superficial, intermediário e profundo. A Figura 2.5 mostra os músculos da coluna vertebral e das costas. Os músculos do grupo intermediário (serráteis posterossuperior e posteroinferior) auxiliam na respiração, mas não contribuem para a estabilidade do *core*. Por essa razão, esse grupo não será discutido aqui.

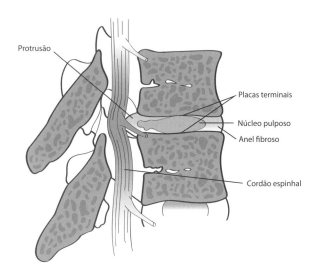

Figura 2.4 – Discos invertebrais. A protuberância é um dos possíveis tipos de lesão de disco.
Reproduzido, com permissão, de S. Shultz, P. Houglum e D. Perrin, 2009, *Examinations of musculoskeletal injuries*, 3. ed. (Champaign, IL: Human Kinetics), p. 200.

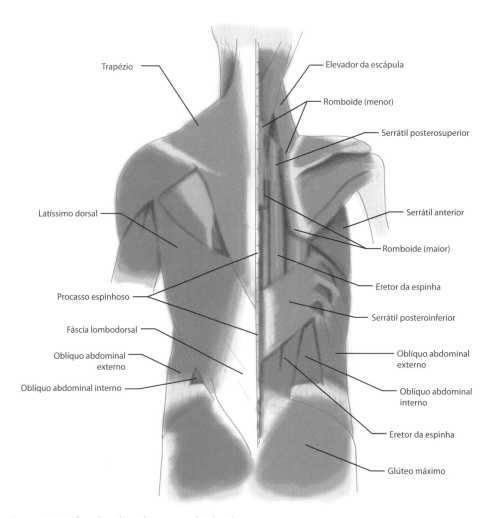

Figura 2.5 Músculos da coluna vertebral e das costas.

Nível Superficial

Os músculos superficiais incluem o trapézio, o grande dorsal, os romboides (maior e menor), o elevador da escápula e o serrátil anterior (Figura 2.6). Esses músculos superficiais das costas estabilizam a escápula (omoplata) e assistem outros músculos para permitir o movimento dos braços. Dois desses músculos — o trapézio e o músculo grande dorsal — contribuem para a estabilidade do tronco (Quadro 2.1).

Trapézio

O trapézio, um grande músculo superficial com formato de "diamante", estende-se da cabeça, desce lateralmente para os ombros e se insere perto da lombar (Figura 2.6). Origina-se na protuberância occipital externa, no ligamento da nuca, na linha superior da nuca e nos processos espinhosos das vértebras C7 (cervical) a T12 (torácicas). O trapézio também se liga à parte lateral da clavícula, do acrômio e da espinha escapular.

O trapézio é dividido em três seções: as regiões superiores, médias e inferiores. A orientação da fibra determina a função (Figura 2.6). O trapézio atua na elevação (fibras superiores), na retração (fibras médias) e depressão (fibras inferiores) da escápula. As fibras superiores e inferiores agem em conjunto com o músculo serrátil para rotacionar a escápula para cima, como mostra a Figura 2.7. O trapézio superior também auxilia na extensão cervical (do pescoço), na rotação da cabeça para o lado oposto e na flexão lateral para o mesmo lado.

O trapézio parece ter um papel em movimentos funcionais da coluna vertebral. Durante funções da extremidade superior, a contração do trapézio causará movimento dos segmentos torácicos ou cervicais da coluna. Por exemplo, a contração do trapézio esquerdo rotacionará o processo espinhoso em direção à esquerda e o corpo vertebral em direção à direita (Neumann, 2002).

O trapézio pode ser propenso a disfunção, constituindo um desafio significativo para *personal trainers* e profissionais de reabilitação. Em indivíduos que sofrem de dores nas costas ou no ombro, é comum encontrar **pontos gatilho** (ou seja, pontos dolorosos) em todo o trapézio. Quando tocado, um ponto gatilho se parece com uma faixa esticada (tensa). Pode haver dor no local de um pontogatilho. A dor também pode ser transmitida (dirigida) para outros locais. Pontos gatilho também podem limitar a amplitude de movimento do cliente e diminuir sua força (Travell e Simons, 1983). Mesmo sem a presença de pontos gatilho, instabilidades musculares são frequentemente encontradas no trapézio. Muitos clientes ou pacientes terão força adequada no trapézio superior enquanto lhes faltará força funcional no trapézio médio ou inferior. Os clientes com instabilidade muscular demonstrarão um padrão de dominância ou de compensação do trapézio superior na maioria dos movimentos da extremidade superior. Isso pode ser observado quando um cliente demonstra atividade muscular excessiva do trapézio superior (por exemplo, encolhendo os ombros durante uma elevação lateral dos ombros ou um exercício de *remada sentada*). Além disso, uma falta de flexibilidade neste músculo pode contribuir para ou ser o resultado de um desvio postural cifótico (ver Capítulo 4).

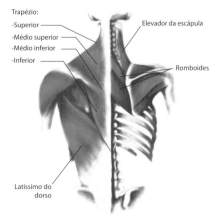

Figura 2.6 Músculos superficiais das costas.
Reproduzido de R. Behnke, 2005, *Kinetic anatomy*, 2. ed. (Champaign IL: Human Kinetics), p. 47.

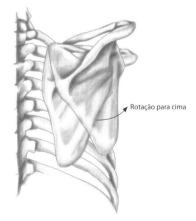

Figura 2.7 Rotação escapular para cima.
Reproduzido, com permissão, de W. Whiting e S. Rugg, 2005, *Dynatomy* (Champaign, IL: Human Knetics), p. 59.

Músculo latíssimo do dorso

O músculo latíssimo do dorso se origina nos processos espinhosos das 6 vértebras torácicas inferiores, na fáscia toracolombar, na crista ilíaca e nas costelas de 9 a 12 (Figura 2.6). O tendão deste músculo se insere no sulco intertubercular do úmero (braço). O músculo loguíssimo dorsal auxilia na extensão, na adução e na rotação do osso do braço. O aparelho pulley *costas* é normalmente usado para treinar esse músculo.

O músculo latíssimo do dorso também tem um papel na estabilização do *core* (McGill 2002; Neumann, 2002). Esse músculo se estende como a fáscia lumbodorsal, anexando-se à coluna lombar. Em virtude dessa relação, o músculo grande dorsal pode contribuir para extensão lombar e estabilização do *core*.

Quadro 2.1 Músculos superficiais das costas selecionados e suas ações funcionais no *core*

Músculos	Origens	Inserções	Ações funcionais
Trapézio	Protuberância occipital externa, ligamento da nuca linha superior da nuca e processos espinhosos das vértebras C7-T12.	Terço lateral da clavícula, o acrômio e a espinha escapular.	Auxilia o movimento e a estabilização escapular, cria uma força rotatória nas colunas cervical e torácica (Neumann, 2002).
Latíssimo do dorso	Processos espinhosos das vértebras C7-T12, fáscia toracolumbar, crista ilíaca e costelas 9-12.	Sulco intertubercular do úmero.	Estende, aduz e rotaciona internamente o braço; pode contribuir para a extensão lombar (McGill, 2002).

Nível Profundo

Os músculos profundos das costas são divididos em três camadas: a camada superficial, a camada intermediária e a camada profunda. Os músculos do eretores da coluna compõem a camada superficial de músculos profundos. Este grupo de músculos têm as fibras musculares mais longas das três camadas; cada camada é mais curta que a anterior. A camada intermediária (também conhecida como grupo transversoespinhal) é composta pelo semiespinhal, pelos multífidos e pelos rotadores. A camada mais profunda, o grupo segmentar curto, consiste de dois músculos: o interespinhal e o intertransversal.

Eretor da coluna

O eretor da coluna é um grupo grande de músculos que abrange toda a extensão das costas (Figura 2.8a). Este grupo é composto por três músculos (apresentados aqui na ordem de medial a lateral): o espinal (mais próximo à coluna vertebral), o latíssimo do dorso e o iliocostal (mais afastado da coluna vertebral) (Quadro 2.2). Cada um desses três músculos é subdividido por região anatômica. Eles funcionam para estender e flexionar lateralmente o *core*. Eles também contribuem para a estabilidade geral da coluna. Por exemplo, os músculos eretores da espinha fornecem uma contribuição significativa para a estabilidade geral quando uma pessoa está realizando um exercício como a ponte (McGill, 2002).

Anatomia Funcional do *Core*   **15**

Quadro 2.2 Músculos eretores da coluna e suas ações funcionais no *core*

Músculos	Origens	Inserções	Ações funcionais
Espinhal	Processos espinhosos das vértebras torácicas inferiores e lombares superiores.	Processos espinhosos das vértebras cervicais e torácicas superiores.	Extensão da coluna vertebral.
Latíssimo	Processos transversos das vértebras cervicais, torácicas e lombares.	Processos transversos das vértebras cervicais e torácicas e costelas.	Extensão e flexão lateral da coluna vertebral.
Iliocostal	Cristas ilíacas e costelas 3-12.	Ângulos das costelas e processos transversos da coluna cervical.	Extensão e flexão lateral da coluna vertebral.

Grupo muscular transversoespinhal

O grupo muscular transversoespinhal é a seção intermediária da camada muscular profunda das costas. As três camadas desse grupo são o semiespinhal (nível superficial), os multífidos (nível intermediário) e os rotadores (nível profundo). Esses músculos se originam em um processo transverso (bilateralmente) de uma vértebra, e se inserem sobre o processo espinhoso (bilateralmente) de uma vértebra superior (de um a seis níveis acima, dependendo do músculo).

O grupo muscular semiespinhal é subdividido em três seções: do tórax, do pescoço e da cabeça. Esses músculos geralmente são longos em comparação aos outros músculos transversoespinais, atravessando de seis a oito segmentos vertebrais (Quadro 2.3). No entanto, sua influência primária sobre a estabilidade do *core* é limitada à extensão da coluna torácica.

Os multífidos se originam em um processo transverso duas a quatro vértebras abaixo do local de anexação no processo espinhoso proximal (Figura 2.8b). Pacientes que têm um histórico de dor lombar demonstraram o seguinte em seus multífidos: menos atividade muscular concêntrica, significativamente menos capacidade de resistência e mudanças de composição e tamanho (Richardson et al., 1999). Os multífidos (junto com o transverso abdominal) receberam atenção significativa como contribuintes importantes da estabilização do *core* (para mais informações, veja a discussão sobre o transverso abdominal neste Capítulo).

Os rotadores, o mais profundo dos três grupos transversoespinhais, são mais curtos no comprimento em comparação com os outros dois. Os especialistas discordam sobre a função exata dos rotadores. Alguns sugerem que o rotadores servem para girar a coluna, enquanto outros sugerem que estes músculos não giram a coluna, mas, sim, servem como um sensor de posição (McGill, 2002).

Quadro 2.3 Músculos do grupo transversoespinhal e suas ações funcionais no *core*

Músculos	Origens	Inserções	Ações funcionais
Semiespinhal	Processos transversos das vértebras cervicais inferiores e cada vértebra torácica.	Processos espinhosos (de seis a oito níveis acima do lugar de origem associado) da coluna cervical e vértebras T1-T4; osso occipital.	Extensão e flexão lateral da coluna vertebral.
Multífidos	Sacro, ligamentos lombar e sacral, crista ilíaca, eretor da espinha e processos transversos.	Processos espinhosos na coluna torácica (um a dois acima do lugar de origem associado).	Extensão e flexão lateral da coluna vertebtal; estabilização lombar.
Rotadores	Processos transversos na coluna torácica.	Processos espinhosos na coluna torácica (um a dois acima do lugar de origem associado).	Propriocepção.

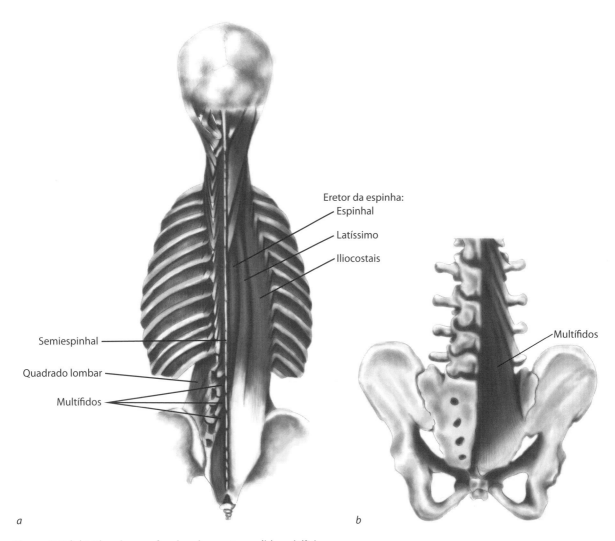

Figura 2.8 *(a)* Músculos profundos das costas e *(b)* multífidos.
Parte a, reproduzida de R. Behnke, 2005, *Kinetic anatomy*, 2. ed. (Champaign, IL: Human Kinetics), p. 134. Parte b, reproduzida, com permissão, de J. DeWerd, 2010, *Managing low back problems* (Champaign, IL: Human Kinetics), p. 12.

Grupo segmentar curto

Este grupo é a camada mais profunda do músculos das costas. O grupo segmentar curto consiste dos músculos intertransversos e interespinhais. Os músculos intertransversos aos processos transversos adjacentes. Os músculos interespinhais ligam-se entre os processos espinhosos adjacentes. Os músculos intertransversos se contraem para flexionar lateralmente a coluna e os músculos interespinhais, para estendê-la. Juntos, estes músculos fornecem estabilização lombar.

Abdômen

Quando alguém diz "abdominais", a primeira coisa que vem à mente para muitas pessoas é o "tanquinho". Para muitos, incluindo clientes de *fitness*, o abdômen foi marginalizado, de modo que tem apenas um músculo — o reto abdominal. No entanto, a região abdominal é composta de vários músculos importantes que contribuem para o funcionamento do *core*. O abdômen é a região situada entre o tórax proximal e a pélvis distal. Essa região é composta por diversos músculos que contribuem para a estabilidade da coluna em uma variedade de posturas, fornecendo a capacidade de flexionar, curvar lateralmente e rotacionar o tronco. Esses músculos também servem para proteger os órgãos abdominais. Quatro músculos garantem forma e movimento à parede abdominal anterior (Figura 2.9). Três desses músculos são descritos como músculos planos (os oblíquos e o transverso abdominal) e um é descrito como quadrado (o músculo reto abdominal).

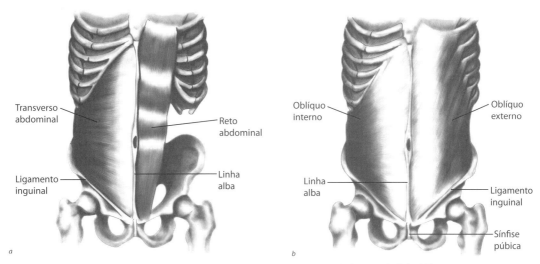

Figura 2.9 Os músculos abdominais, *(a)* reto abdominal e transverso abdominal, *(b)* oblíquos.
Reproduzido de R. Behnke, 2005, Kinetic anatomy, 2. ed. (Champaign IL: Human Kinatics), p. 132.

Músculo reto abdominal

O músculo reto abdominal (RA) — o músculo que ficou famoso em filmes e na televisão — fornece estabilidade ao *core* e mobilidade ao tronco (Figura 2.9). O RA é um flexor do tronco. Este músculo se origina no processo xifoide e nas cartilagens costais adjacentes e se insere distalmente no osso púbico, na crista e na sínfise. O músculo RA é treinado quando um indivíduo executa um exercício como o abdominal.

Transverso abdominal

O transverso abdominal (TA) é o mais profundo dos três músculos abdominais planos. O TA se origina nas seis cartilagens costais inferiores, na fáscia toracolumbar e na crista ilíaca; este músculo se insere medialmente na linha alba (Figura 2.9). Relata-se que o TA desempenha um papel importante na estabilização do *core*, principalmente durante a reabilitação (Richardson et al., 1999).

Oblíquos

Os músculos oblíquos externo e interno rotacionam e curvam lateralmente o tronco. Esses músculos também contribuem para a estabilidade da coluna.

Avaliação e Treinamento do *Core*

O oblíquo externo é o músculo mais superficial dos três músculos abdominais planos (oblíquo externo, oblíquo interno e transverso abdominal). O oblíquo externo se origina na parte lateral frontal das sete costelas inferiores e se insere na linha alba, no tubérculo púbico e na parte anterior da crista ilíaca (Figura 2.9). Agindo isoladamente, o oblíquo externo pode flexionar o tronco, flexionar lateralmente o torso para o mesmo lado (ou seja, o lado do músculo que se contrai) e rotacionar o tronco para o lado oposto.

O oblíquo interno se origina da fáscia toracolumbar, do ligamento inguinal e da crista ilíaca anterior. O oblíquo interno também funciona para garantir estabilidade à coluna e flexionar e rotacionar o tronco para o mesmo lado (Quadro 2.4).

Quadro 2.4 Músculos da parede abdominal e suas ações funcionais no *core*

Músculos	Origens	Inserções	Ações funcionais
Reto abdominal	Processo xifoide e certilagens costais adjacentes (das costelas 5-7).	Osso púbico na crista e na sínfise.	Flexiona e rotaciona o tronco.
Transverso abdominal	Fáscia toracolumbar, ligamento inguinal, crista ilíaca e costelas 6-12.	Linha alba e crista púbica.	Fornece estabilidade ao *core*, comprime a parede abdominal.
Oblíquo externo	Parte anterolateral (anterior e lateral) das 7 costelas inferiores.	Linha alba, tubérculo púbico e parte anterior da crista ilíaca.	Flexiona o tronco, curva lateralmente o torso para o mesmo lado (do músculo sendo contraído), rotaciona o tronco para o lado oposto.
Oblíquo interno	Fáscia toracolumbar, ligamento inguinal e crista ilíaca.	Linha alba e 4 costelas inferiores.	Fornece estabilidade à coluna, flexiona e rotaciona o tronco para o mesmo lado.

Pélvis e Quadril

Os músculos da pélvis e do quadril auxiliam a estabilidade do tronco, a gerar força e transferir forças da parte inferior do corpo para a parte superior ou vice-versa. Por exemplo, o lançador de beisebol que não consegue gerar uma extensão de quadril potente durante o movimento de lançamento pode não ser capaz de maximizar sua velocidade de lançamento.

O quadril também parece desempenhar um papel significativo na estabilização proximal e no controle da biomecânica da extremidade inferior. Pesquisas retrospectivas concluíram que corredores lesionados são significativamente mais fracos do seu lado contundido quando comparado à perna não lesionada (ou contralateral) (Niemuth et al., 2005). Os músculos da pélvis e dos quadris que contribuem para a estabilização do *core* são apresentados na Figura 2.10.

Ilíaco e Psoas Maior

Os músculos ilíaco e psoas maior são frequentemente chamados iliopsoas em situações de treinamento e clínicas. O ilíaco se origina no sacro e na fossa ilíaca. O psoas maior (Figura 2.10b) se origina nos processos transversos das vértebras T12 a L5 e nos discos intervertebrais associados. Os dois músculos se combinam perto do ligamento inguinal, formando um único tendão e se inserindo no trocânter menor do fêmur. Esses dois músculos grandes são tradicionalmente vistos como flexores do quadril.

Glúteo Máximo

O glúteo máximo se origina do aspecto posterior da pélvis, do sacro, do cóccix e dos ligamentos sacrotuberais. Esse músculo se insere na tuberosidade glútea e na fáscia lata na banda iliotibial (Figura 2.10a). O músculo age para estender e rotacionar externamente a articulação do quadril.

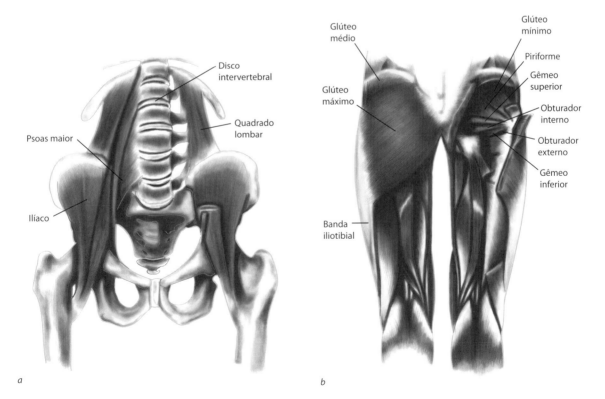

Figura 2.10 Músculos *(a)* da pélvis e *(b)* do quadril.
Reproduzido de R.Behnke, 2005, *Kinetic anatomy*, 2. ed. (Champaign, IL: Human Kinetics), p. 180, 178.

Glúteo Médio

O glúteo médio se origina na lateral do ílio e se insere no trocânter maior do fêmur (Figura 2.10a). O médio glúteo abduz e rotaciona o quadril. As fibras anteriores do músculo rotacionam o quadril internamente, enquanto as fibras posteriores o rotacionam externamente.

Glúteo Mínimo

O glúteo mínimo, que é mais profundo que o glúteo médio, origina-se no ílio lateral e se insere na parte anterior do trocânter maior. O glúteo mínimo abduz e rotaciona internamente o quadril (Figura 2.10a).

Tensor da Fáscia Lata

O tensor da fáscia lata (TFL) se origina da parte superior da espinha ilíaca anterior, da crista ilíaca e da fáscia lata. O TFL se insere na banda iliotibial (Figura 2.11). O tensor da fáscia lata é mais conhecido por sua longa extensão tedinosa, a banda iliotibial (banda IT). O TFL garante estabilidade ao quadril e à articulação do joelho, criando tensão dentro da banda IT. Além disso, o TFL pode abduzir a coxa e auxiliar a rotação interna do quadril. A banda iliotibial corre risco de lesão em alguns corredores em razão da flexão e da extensão repetitivas do joelho (Khaund e Flynn, 2005).

Piriforme

O músculo piriforme se origina do sacro e do ílio e se insere no trocânter maior do fêmur (Figura 2.12). Esse músculo funciona para rotacionar externamente e abduzir a perna quando o quadril está flexionado. Treinadores que prestam serviços de pós-reabilitação podem trabalhar com clientes que estejam sentindo tensão ou fraqueza no piriforme.

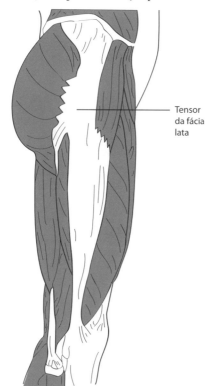

Figura 2.11 O tensor da fáscia lata.

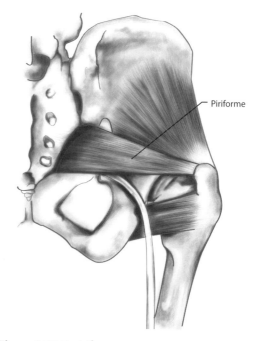

Figura 2.12 O piriforme.
Reproduzido, com permissão, de B. McAtee e J. Charland, 2007, *Facilitated stretching*, 3. ed. (Champaign, IL: Human Kinetics), p. 44.

Gêmeo Inferior

O gêmeo inferior é um músculo menor localizado na parte posterior da pélvis. Esse músculo se origina da parte posterior da tuberosidade isquiática e se insere no trocânter maior (Figura 2.10a). Quando esse músculo é ativado, ele rotaciona externamente a coxa e ajuda a abduzir uma coxa flexionada.

Obturador Externo

Originando-se na superfície externa da membrana e do forame do obturador, o obturador externo se insere na superfície medial posterior do trocânter maior (Figura 2.10a). O obturador externo ajuda a rotacionar externamente e a aduzir a coxa.

Obturador Interno

O obturador interno se origina na superfície interna da membrana e do forame do obturador. Este músculo se insere no lado medial do trocânter maior (Figura 2.10a). Ele ajuda a rotacionar externamente e a abduzir a coxa.

Gêmeo Superior

O gêmeo superior se origina da espinha do ísquio e se insere na parte medial do trocânter maior (Figura 2.10a). Este músculo rotaciona externamente a coxa e ajuda a abduzir a perna quando o quadril está flexionado.

Quadrado Lombar

O quadrado lombar se origina da crista ilíaca e do ligamento iliolombar dos dois lados da coluna, inserindo-se na 12ª costela e nos processos transversos das vértebras L1 a L4 (Figura 2.10b). Quando se contrai bilateralmente, o quadrado lombar funciona como extensor lombar e estabilizador da coluna. Quando o contraído unilateralmente, flexiona o tronco e pode elevar o quadril (Quadro 2.5).

Quadro 2.5 Músculos do quadril e da sua ação funcional no *core*

Músculos	Origens	Inserções	Ações funcionais
Ilíaco	Sacro e fossailíaca	Trocânter menor do fêmur	Funciona como um flexor do quadril
Psoas maior	Processos transversos das vértebras T12 a L5 e discos intervertebrais associados	Trocânter menor do fêmur	Funciona como um flexor do quadril
Glúteo máximo	Aspecto posterior da pélvis, sacro, cóccix e ligamento sacrotuberal	Tuberosidade glútea e fáscia lata na banda iliotibial	Estende o quadril; rotaciona lateralmente a coxa
Glúteo médio	Parte lateral do ílio	Trocânter maior do fêmur	Abduz e rotaciona o quadril (as fibras anteriores do músculo rotacionam o quadril internamente, enquanto as posteriores o rotacionam externamente)
Glúteo mínimo	Ílio lateral	Trocânter maior (parte anterior)	Abduz e rotaciona medialmente a coxa
Tensor da fáscia lata	Espinha ilíaca anterosuperior, crista ilíaca e fáscia lata	Banda iliotibial	Garante estabilidade ao quadril e à articulaçãode joelho criando tensão dentro da banda iliotibial; abduz a coxa e auxilia na rotação medial do quadril
Piriforme	Sacro e ílio	Trocânter maior do fêmur	Rotaciona lateralmente e abduz a perna quando o quadril está flexionado
Gêmeo inferior	Parte posterior da tuberosidade isquiática	Trocânter maior do fêmur	Rotaciona lateralmente a coxa e abduz coxa flexionada
Obturador externo	Membrana do obturador e forame do obturador	Superfície posteromedial (posterior e média) do trocânter maior	Rotaciona lateralmente e aduz a coxa
Obturador interno	Superfície da membrana do obturador e do forame do obturador	Lado medial do trocânter maior	Rotaciona lateralmente e abduz a coxa
Gêmeo superior	Espinha do ísquio	Parte medial do trocânter maior	Rotaciona lateralmente a coxa e ajuda a abduzir a perna quando o quadril está flexionado
Quadrado lombar	Crista ilíaca e ligamento iliolombar dos dois lados da coluna	12ª costela e processos transversos das vértebras L1-L4	Funciona como extensor lombar e estabilizador da coluna (quando se contrai bilateralmente); flexiona o tronco e pode elevar o quadril (quando se contrai unilateralmente)

INTEGRAÇÃO ENTRE ESTRUTURA E FUNCIONAMENTO

Cada cliente, atleta ou paciente terá ao menos um motivo para iniciar um programa supervisionado de exercícios. Por exemplo, um cliente pode contratar um profissional de *fitness* para desenvolver um programa de exercícios que reduzirá o risco de uma lesão nas costas. Tomemos o caso de Scott, um estivador de 35 anos que contundiu suas costas no trabalho e foi diagnosticado por seu médico com uma lesão de disco lombar. Seu médico receitou medicamentos anti-inflamatórios para a dor e o restringiu a "serviços leves" durante 4 semanas. Por fim, Scott pôde retornar às suas funções normais de trabalho. No entanto, sem treinamento ou reabilitação adequados, ele ainda pode ter deficiências funcionais que poderiam colocá-lo em risco potencial de uma nova lesão.

No Capítulo 1, os seguintes papéis do treinamento de estabilidade do *core* foram destacados:

- Melhorar o condicionamento físico do cliente.
- Evitar ou reabilitar uma lesão.
- Estabilizar e proteger a coluna vertebral de forças potencialmente prejudiciais.
- Aprimorar o desempenho atlético, melhorando a capacidade do cliente para gerar força e movimento.

Para desenvolver programas de treinamento seguros e eficazes, você precisa ter um conhecimento prático da anatomia funcional do *core*. Compreendendo anatomia funcional, poderá desenvolver um programa de treinamento de *core* apropriado com base nas fraquezas funcionais e nos objetivos pessoais de treinamento do cliente. Scott, o cliente mencionado acima, beneficiar-se-ia de um programa de treinamento? Definitivamente. Scott deve ser considerado um *atleta industrial* e deveria ser treinado em conformidade com isso. Se você estivesse criando um programa para Scott, os tipos de exercícios que você selecionaria dependeriam de sua capacidade de reconhecer as limitações funcionais dele. Você deve ser capaz de selecionar exercícios específicos de flexibilidade e de força que maximizarão o funcionamento e manterão (ou melhorarão) o nível atual de condicionamento.

Ao projetar um programa de exercícios para um cliente, você precisa avaliar e compreender o corpo humano em sua totalidade. Um programa de treinamento falhará se tratar os segmentos do corpo como unidades individuais operando isoladamente; em vez disso, o programa deve tratar do funcionamento do corpo como um todo. Por exemplo, muitos programas de reabilitação do *core* incluem o uso de exercícios isométricos realizados nas posições supina ou de bruços. Esses exercícios podem ser necessários para clientes que estão começando um programa *fitness* ou de reabilitação de uma lesão. No entanto, limitar um programa de treinamento ou de reabilitação a esses exercícios básicos falhará em abordar os padrões de movimento funcional dinâmico necessários para as atividades diárias e o desempenho esportivo. Como exercícios básicos de *core* afetam os resultados funcionais para Scott, nosso cliente hipotético? A maior parte das atividades humanas envolve uma interação dinâmica entre as regiões do corpo (as extremidades superiores, o *core* e as extremidades inferiores); essas regiões devem operar sinergicamente para criar padrões de movimento funcional.

O **princípio da cadeia cinética** descreve como as articulações e os músculos interagem uns com os outros durante um padrão de movimento funcional. Este princípio é definido da seguinte forma:

> O princípio da cadeia cinética descreve como o corpo humano pode ser considerado como uma série de segmentos ou ligações interrelacionados. O movimento de um segmento afeta segmentos proximais e distais ao primeiro segmento. (Ellenbecker e Davies, 2001, p. 19)

Para ilustrar esse ponto, vamos aplicar esse princípio ao joelho. A articulação do joelho (uma ligação) tem anatomia e biomecânica exclusivas (por exemplo, o joelho é afetado pela mecânica e pela musculatura do quadril, bem como pelas da panturrilha e do tornozelo).

Durante um padrão de movimento funcional, como descer escadas, a biomecânica do joelho será influenciada por interações tanto com o quadril como com o pé e o tornozelo (Ellenbecker e Davies, 2001; Powers, 2003). Pouca força no quadril pode acarretar em movimentos de **adução** e de **rotação interna** no quadril, causando uma rotação para dentro do joelho conforme a perna aceita peso durante cada passo descendente (Powers, 2003). Em alguns indivíduos, essa interação biomecânica menos-que-ideal pode contribuir para o desenvolvimento de dor no joelho anterior.

Porque o núcleo está localizado centralmente, ele pode afetar o funcionamento tanto das extremidades superiores como das inferiores. Para apreciar o papel do *core* quando aplicado ao esporte, considere a biomecânica do saque de tênis. Para uma atleta ser bem-sucedida no tênis, ela deve ser rápida e ágil (Roetert et al., 1997). A tenista deve ter uma capacidade adequada de resistência para sustentar um alto nível de jogo durante a competição. Essa atleta também deve ter a capacidade de gerar e transferir forças para maximizar a aceleração da raquete. Falha em apresentar desempenho de nível alto — integrando componentes de velocidade, força, poder e resistência — pode fazer a diferença entre ganhar um campeonato e perder na primeira rodada.

A capacidade de integrar cada segmento sinergicamente dentro da cadeia dinâmica é vital para o sucesso atlético em altos níveis. O tenista profissional Andy Roddick pôde prevalecer sobre sua concorrência servindo a velocidades de mais de 240 quilômetros por hora. Para qualquer jogador de tênis servir a uma velocidade, os segmentos de seu corpo devem operar otimamente em sequência. Durante o saque de tênis, uma parcela significativa do desenvolvimento da força é criada pelas extremidades inferiores e pelo tronco (Kibler, 1994; Ellenbecker e Davies, 2001). A Figura 2.13 ilustra como uma força de reação do solo é criada e, então, sequencialmente transferida de um segmento para o seguinte uma sequência proximal-distal. Se Andy Roddick, ou qualquer outro tenista, tentasse ativar seus músculos do ombro (o segmento distal) antes da contribuição de força da musculatura do quadril (o segmento proximal), o padrão de movimento seria disfuncional e o desempenho poderia ser afetado.

Disfunção biomecânica também aumentará o risco do atleta em desenvolver uma lesão por uso excessivo. As Figuras 2.14 e 2.15 destacam a ativação muscular instável e a regulação inadequada do tempo entre elos sequenciais da cadeia dinâmica (Ellenbecker e Davies, 2001). O jogador de tênis que fica fora do jogo por uma lesão no ombro ou no cotovelo pode ter sofrido essa lesão em parte em virtude de um *core* disfuncional. Para reduzir estes tipos de lesões e melhorar o desempenho esportivo, exercícios de troco devem ser incluídos em um programa de treinamento abrangente.

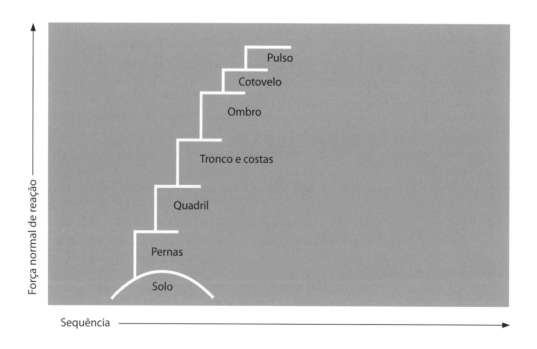

Figura 2.13 A cadeia dinâmica, mostrando a transferência de força do chão através dos segmentos do corpo.
Reproduzido, com permissão, de T. Ellenbecker e G. Davis, 2001, *Closed kinetic chain exercise* (Champaign, IL: Human Kinetics), p. 21; e adaptado de J. L. Groppel, 1992, *High tech tennis*, 2. ed. (Champaign, IL: Human Kinetics), p. 79. Com permissão de J. L. Groppel.

Anatomia Funcional do *Core* 25

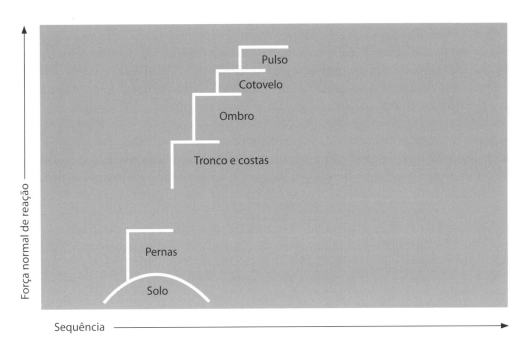

Figura 2.14 Cadeia cinética, mostrando um padrão disfuncional em razão da falta de uma ligação na sequência.
Reproduzido, com permissão, de T. Ellenbecker e G. Davis, 2001, *Closed kinetic chain exercise* (Champaign, IL: Human Kinetics), p. 22; e adaptado de J. L. Groppel, 1992, *High tech tennis*, 2. ed. (Champaign, IL: Human Kinetics), p. 79. Com permissão de J. L. Groppel.

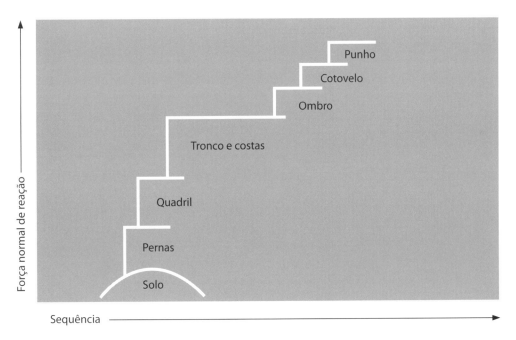

Figura 2.15 Cadeia cinética, mostrando um padrão disfuncional em virtude de um atraso na parte do tronco e das costas da sequência.
Reproduzido, com permissão, de T. Ellenbecker e G. Davis, 2001, *Closed kinetic chain exercise* (Champaign, IL: Human Kinetics), p. 21; e adaptado de J. L. Groppel, 1992, *High tech tennis*, 2. ed. (Champaign, IL: Human Kinetics), p. 79. Com permissão de J. L. Groppel.

RESUMO

O *core* é um componente vital da cadeia cinética. Para esportes e muitas tarefas funcionais, o *core* é um elo fundamental no sequenciamento proximal-distal das forças do chão para as extremidades superiores. Uma disfunção no *core* pode afetar o desempenho humano e contribuir para o aparecimento de uma lesão.

O *core* é composto de mais do que apenas os músculos. Profissionais de *fitness* devem compreender a função da anatomia relacionada (por exemplo, articulações, discos intervertebrais) e como essas estruturas interagem com a musculatura durante o movimento humano. Essas estruturas estão sob risco de lesões e considerações especiais de treinamento devem ser seguidas para reduzir esse risco (ou o risco de uma nova lesão).

A anatomia funcional do *core* deveria criar a base para cada programa de treinamento que você desenvolve. Levar em consideração que os segmentos do corpo operam sinergeticamente irá ajudá-lo a reconhecer quando recomendar exercícios que isolam o movimento e quando integrar movimentos funcionais multiarticulares.

3
A Entrevista com o Cliente
O primeiro passo na avaliação de seu cliente

Quão conveniente seria se o mesmo programa de treinamento pudesse ser prescrito para cada indivíduo que contratasse seus serviços? Claro, se esse fosse o caso, muitos profissionais que prescrevem exercícios iriam se ver sem trabalho! Embora possam haver semelhanças entre indivíduos, você precisa entender que cada cliente, atleta ou paciente é único. O desafio é desenvolver um programa de exercícios (ou de reabilitação) baseado nos objetivos e no físico do cliente, nos melhores dados de pesquisa disponíveis e em sua própria experiência clínica e habilidades de raciocínio.

OBTENÇÃO DE UM HISTÓRICO MÉDICO

Durante o primeiro encontro com seu cliente, você deve obter o histórico médico e de exercícios dele. Quando necessário, você pode pedir ao cliente que obtenha uma permissão médica de seu prestador principal de cuidados antes de iniciar o programa de treinamento. Falha em avaliar e considerar totalmente o histórico médico pertinente do cliente pode colocá-lo sob risco de uma ação judicial se você prescrever exercícios inseguros ou contraindicados. Falha em avaliar o histórico de exercícios e os objetivos de *fitness* do cliente também limitaria sua capacidade de desenvolver um programa de treinamento de *core* ideal para aquele indivíduo.

O PAR-Q (Formulário 3.1) e os formulários de histórico do cliente (Formulário 3.2) ajudarão você a procurar por quaisquer distúrbios do cliente que possam requerer uma permissão do médico (Shephard, 1988; Thomas et al., 1992). Esse exame deve ser feito antes de você realizar testes de *fitness* ou iniciar o cliente em um programa de exercícios. O PAR-Q procura doenças conhecidas e

distúrbios médicos que podem afetar o exercício (Shephard, 1988; Thomas et al., 1992). Ele foi concebido para ser aplicado a indivíduos com idade entre 15 e 69 anos.

Se o PAR-Q indica que o cliente é aparentemente saudável (isto é, o cliente responde não a todas as perguntas do PAR-Q), então você pode passar para a análise do formulário de histórico do cliente (Shephard, 1988; Thomas et al., 1992). Esse formulário o ajudará a determinar se existem quaisquer outros distúrbios que possam impedir que o cliente faça uma avaliação de *fitness* e participe de um programa de exercícios. O formulário de histórico do cliente também fornece informações valiosas sobre os hábitos de exercício e as preferências do cliente, bem como sobre o estilo de vida dele.

Se um cliente responde sim a uma ou mais das perguntas do PAR-Q, então ele deve ir a um médico antes de você realizar qualquer teste de *fitness* ou ensinar quaisquer exercícios (Shephard, 1988; Thomas et al., 1992). Você pode fornecer ao cliente um formulário PARmed-X, também disponível na Sociedade Canadense de Fisiologia do Exercício, para o médico dele completar (Jamnik et al., 2007). Esse formulário permite que o médico identifique quaisquer restrições a testes de *fitness* ou a exercícios. Se um cliente tem um distúrbio ortopédico e está no momento sob os cuidados de um profissional de reabilitação — como um fisioterapeuta, um treinador atlético ou um terapeuta ocupacional — você também deve pedir que o cliente peça permissão e orientação desse profissional sobre o início de um programa de treinamento do *core*. Uma vez que o cliente devolveu o formulário PARmed-X e lhe deu quaisquer outros formulários pertinentes de permissão médica, você pode concluir sua avaliação de *fitness*.

Após completar seu exame do formulário de histórico do cliente, você estará melhor preparado para começar a entrevista com o cliente.

ENTREVISTANDO SEU CLIENTE

Quando você leva seu carro para uma loja de automóveis para fazer consertos, você espera que o mecânico faça uma série de perguntas a fim de compreender melhor os "sintomas" do carro antes de iniciar qualquer reparação. A partir dessa primeira conversa, você pode ter uma ideia do que há de errado com o carro e dos custos estimados dos reparos. Mais importante, se você acredita que foi ouvido, que teve todas as suas dúvidas respondidas e foi tratado de forma agradável, é provável que tenha confiança no mecânico. Você pode até mesmo querer indicar essa loja específica a amigos e familiares. Entretanto, se o mecânico não lhe escuta, não responde ou reconhece suas perguntas e não tem tempo para conversar com você, é provável que você leve seu carro para a concorrência.

Quer você desenvolva programas de exercícios para clientes saudáveis quer para clientes lesionados, é preciso se certificar de realizar uma entrevista meticulosa com cada indivíduo. Durante a primeiro encontro, gaste o tempo que for necessário para entrevistar seu novo cliente. Ao conduzir a entrevista, é importante ouvir atentamente o que o cliente tem a dizer. Não ouvir um cliente pode afetar o programa de treinamento que você desenvolve. Além disso, a falha em estar atento às necessidades de seu cliente é uma boa maneira de perdê-lo como freguês.

A lista a seguir consiste em algumas perguntas comuns que você deve perguntar ao coletar informações de um paciente ou cliente de *fitness*. A lista fornece uma série de perguntas que são aplicáveis a clientes de *personal trainers*, profissionais de condicionamento e de força e especialistas em reabilitação. Você também pode querer coletar informações adicionais em uma base individual. Essas perguntas adicionais normalmente surgem de forma natural durante o processo da entrevista. Especialistas em reabilitação devem fazer perguntas adicionais específicas relativas a sua profissão.

■ *Por que o cliente está procurando seus serviços? Quais são os objetivos do cliente?* Seu objetivo mais importante durante a entrevista inicial é ganhar uma compreensão de por que o cliente está buscando seus serviços. Isso permitirá que você desenvolva metas específicas de treinamento (em conjunto com seu cliente). Os exercícios de *core* que você incluir no programa de treinamento do cliente ou do atleta dependerá dessas metas.

• *Considerações sobre a fixação de metas para atletas.* Alguns atletas podem expressar metas genéricas de treinamento, como "Eu quero ser mais forte" ou "Eu quero saltar mais alto". Identificar esses objetivos gerais pode ser útil. Afinal, quem conhece as limitações de um atleta melhor que ele mesmo? No entanto, uma meta como "Eu quero saltar mais alto" é muito subjetiva. Nessa situação, você precisa quantificar o que o atleta quer dizer com "mais forte" e "mais alto". Comunicar-se com a equipe técnica e executar uma análise das necessidades irá ajudá-lo a quantificar os objetivos do atleta. Por exemplo, o objetivo de "saltar mais alto" pode ser quantificado com um teste de salto vertical. Um atacante de basquete que quer saltar mais alto para enterrar a bola pode ter uma meta quantificável de treinamento para aumentar a altura de seu salto vertical de 8 polegadas (20 centímetros).

• *Considerações sobre a fixação de metas para clientes ou pacientes lesionados.* Clientes lesionados terão o objetivo de diminuir sua dor e melhorar seu funcionamento. Por exemplo, uma corredora inexperiente de 45 anos sofre uma lesão no joelho após aumentar sua quilometragem. Ela procura a ajuda de um profissional de reabilitação para diminuir sua dor e ajudá-la a voltar a correr. Mas uma reabilitação eficaz vai além de fazer o óbvio, como fortalecer o quadríceps. O programa de treinamento para essa cliente deverá abordar problemas subjacentes do *core* que também podem estar contribuindo para sua dor no joelho. Assim, profissionais de reabilitação devem ajudar clientes lesionados a perceber que eles devem ter metas adicionais além de diminuir a dor e retornar a seu esporte ou a suas atividades diárias.

• *Personal trainers* e técnicos de força que estão trabalhando com clientes em pós-reabilitação (o período de tempo entre a alta formal da reabilitação clínica e o ponto em que o cliente alcançou a recuperação máxima) devem considerar pedir a seus clientes para assinar um aviso para seu especialista de reabilitação. Isso permitirá que o treinador entre em contato com o especialista em reabilitação para saber mais sobre o diagnóstico e as intervenções anteriores do cliente.

• *Considerações sobre a fixação de metas para clientes de* personal trainers. Contratar um *personal trainer* é o primeiro passo para muitas pessoas que querem melhorar sua saúde e *fitness* gerais. Para alguns, o objetivo principal pode ser emagrecer. Outros podem ter um objetivo funcional específico que desejam alcançar.

Por exemplo, um homem de 35 anos que é um jogador de golfe recreativo pode ter uma meta específica de aumentar seu raio de distância. Para ajudá-lo a atingir esse objetivo, você precisaria realizar uma avaliação de *core* e lhe indicar um programa individualizado de treinamento baseado na avaliação. Dar a ele um programa de treinamento genérico de "tamanho único" não tratará de seus déficits específicos de *core* e provavelmente não conseguirá ajudá-lo a alcançar seu objetivo. O programa de exercícios de *core* que você criar para o jogador de golfe deve ser significativamente diferente de um programa concebido para um cliente cujo principal objetivo é a perda de peso. E o programa de exercícios de *core* para um golfista pode diferir significativamente do programa para outro jogador.

Médicos profissionais e de saúde que tratam de lesões musculoesqueléticas

A cada ano, centenas de milhares de indivíduos procuram atendimento médico para lesões musculoesqueléticas nos Estados Unidos. Para essas lesões, as pessoas podem obter ajuda de vários tipos profissionais de cuidados de saúde. O quadro lista alguns dos profissionais de saúde que um cliente pode procurar.

Médico (MD)
Doutor em osteopatia (DO)
Doutor em medicina podiátrica (DPM)
Fisioterapeuta (PT)
Treinador atlético (ATC)
Médico assistente (PA)
Enfermeiro (NP)
Terapeuta ocupacional (OT)
Quiroprático (DC)
Massagista licenciado (LMT)

■ *Qual é a idade do cliente?* A idade do cliente sempre deve ser considerada ao selecionar exercícios de *core*. A abordagem para desenvolver um programa de treinamento de *core* para um cliente de 65 anos de idade deve diferir drasticamente da abordagem usada ao se desenvolver um programa para um de 18 anos. Ao treinar o cliente idoso, você deve observar deficiências ortopédicas pré-existentes, experiência com treinamento de exercícios, situação da mobilidade, risco para quedas e situação cognitiva.

Figura 3.1 Exercício de rotação com cabo em plano. Para executar este exercício, o cliente começa nesta posição (como no exercício de cabo de passos para o lado) e, em seguida, rotaciona o tronco para longe da máquina.

Você poderia considerar fazer um exercício de rotação com cabo em plano (Figura 3.1) com um cliente de 65 anos que joga golfe e tênis. Todavia, para um cliente de 70 anos que tem problemas significativos de equilíbrio e de mobilidade, um programa de solo que envolve exercícios dinâmico de *core* seria inadequado. Para esse cliente, um programa mais adequado é aquele que inclui exercícios em pé muito básicos como o apoio na parede (Figura 3.2) e o *pulley* com braço estendido (Figura 3.3).

■ *Qual é a profissão do cliente?* Um trabalho ocupa uma parte significativa da vida diária de uma pessoa. Para muitos, seu emprego depende como sua máquina (isto é, corpo) funciona! No entanto, o caráter repetitivo de muitos empregos contribui para uma série de lesões de trabalho por uso excessivo (por

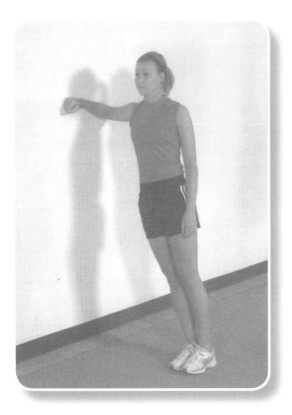 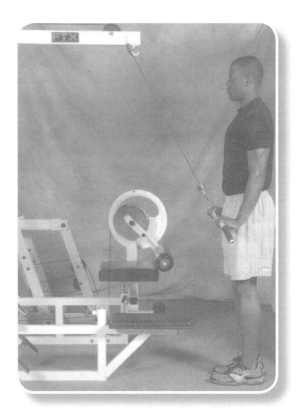

Figura 3.2 Apoio na parede. Ver página 62 para instruções completas sobre este exercício.

Figura 3.3 *Pulley* com cotovelos estendidos. Ver página 62 para instruções completas sobre este exercício.

exemplo, síndrome do túnel do carpo, tensão no pescoço e assim por diante). Clínicas especiais são dedicadas à avaliação e ao tratamento de trabalhadores que sofreram lesões no trabalho. Como mencionado no Capítulo 1, lesões relacionadas ao trabalho resultam em perda de tempo de trabalho, milhões de dólares gastos em cuidados de saúde e, para alguns, uma deficiência permanente. Ao desenvolver um programa de treinamento de força, você deve avaliar o ambiente de trabalho do cliente e as exigências físicas de seu trabalho. Parte dessa avaliação envolverá perguntas como as seguintes: "Você fica sentado por longos períodos de tempo?", "Você levanta objetos pesados repetidamente?", "Você trabalha em um computador? Se sim, o teclado e o monitor estão posicionados de uma forma que cause tensões indevidas em seu trapézio ou seus punhos?". Sua seleção de exercícios deve abordar os requisitos funcionais de trabalho do cliente.

■ *O cliente participou de um programa de exercícios no passado?* O nível atual de *fitness* do seu cliente deve ajudar a orientar suas decisões não só quanto a quais exercícios prescrever inicialmente, mas também quanto à rapidez do progresso de seu programa. Um atleta pode conseguir progredir rapidamente de exercícios básicos a avançados. No entanto, um indivíduo sedentário pode precisar de mais tempo antes de avançar de um estágio de exercício para o próximo.

■ *O cliente já sofreu uma lesão lombar ou outra lesão ortopédica?* Na sua análise do PAR-Q e dos formulários de histórico do cliente, você deve identificar qualquer histórico de uma lesão lombar ou outra lesão ortopédica. Se o cliente já teve esse tipo de lesão, você deve se certificar de que o cliente tem autorização médica para participar de um programa de treinamento do *core*. Você também deve pedir ao cliente para identificar quaisquer episódios anteriores de dor na lombar ou em outra área lesionada, que evento causou a dor e quais fatores (atividades) pioram a dor. Indivíduos que estejam sofrendo (ou tenham sofrido) de dores lombares provavelmente se beneficiarão de um programa de treinamento de estabilidade do tronco.

Se um cliente tem um histórico de lesão ou dor nas costas, profissionais de *fitness* não médicos devem fazer mais perguntas. O cliente sabe o nome da lesão ou distúrbio com que foi diagnosticado anteriormente? A lesão foi em disco vertebral rompido ou uma tensão do músculo? O cliente pode descrever a gravidade dos problemas ou lesões nas costas anteriores ou atuais? O cliente sabe que movimentos ou exercícios agravam a condição? Durante quanto tempo continuaram a existir os episódios anteriores de dor nas costas? Que eventos causaram ou provocaram a dor nas costas? Que intervenções ajudaram a resolver a dor no passado?

Utilize as informações que você coletar para ajudar a orientar a sua tomada de decisão quando prescrever exercícios. Quando você desenvolve o programa de treinamento de *core* do cliente, deve evitar prescrever exercícios que possam aumentar o risco de agravar a dor nas costas do cliente. Por exemplo, considere o caso de um trabalhador da construção civil de 37 anos que sofreu uma lesão lombar de disco em L4-L5. O paciente não pode trabalhar por causa da dor significativa associada a essa lesão. Ele foi encaminhado pelo médico de sua família para a fisioterapia. Após oito semanas de fisioterapia, ele estava livre de dor e suas habilidades funcionais estavam restauradas. O fisioterapeuta instruiu o paciente sobre como levantar peso adequadamente no trabalho e o liberou com um programa de exercícios para casa. O paciente realizou seus exercícios e foi capaz de fazer todas as exigências de seu emprego sem dor. Com o objetivo de melhorar seu condicionamento geral, ele procurou os serviços de um *personal trainer*. Durante a primeira entrevista, o treinador pediu que ele executasse o exercício remada na polia com barra em "T", em que uma barra ligada a pesos é puxada em direção ao tronco, com muito peso em 3 séries de 10 repetições. Idealmente, os clientes mantêm uma posição de coluna neutra durante esse movimento; no entanto, não é incomum observar clientes flexionarem ou estenderem excessivamente a coluna lombar durante o exercício. Quatro horas após a sessão, o cliente sentiu intensa dor nas costas e perda de força na perna direita. Ele foi transferido para o pronto-socorro para tratar de sua dor. Estudos de imagem revelaram que ele lesionou novamente o disco lombar L4-L5. Seu cirurgião ortopédico recomendou uma cirurgia para executar uma **discectomia** lombar L4-L5 no dia seguinte. O que deu errado? O *personal trainer* não percebeu que o exercício remada na polia com barra em "T" era potencialmente perigoso para esse cliente. O remada na polia com barra em "T", mesmo quando realizado corretamente, pode tensionar excessivamente a região lombar da coluna.

Você também deve considerar outras lesões ortopédicas sofridas por seus clientes. Assim como acontece com lesões nas costas, qualquer cliente que tenha sofrido uma lesão ou dor significativa deve ser avaliado por um profissional médico. Se o cliente vai até você primeiro, você deve encaminhá-lo para o médico. Um profissional de cuidados médicos como um fisioterapeuta, educador físico ou terapeuta ocupacional deve assumir a responsabilidade de desenvolver um programa de reabilitação apropriado para a lesão do cliente. No entanto, você provavelmente trabalhará com clientes que tiveram lesões no passado que atualmente não impedem sua participação em um programa de treinamento de *core*. Para esses clientes, você ainda deve considerar a lesão e quaisquer exercícios que podem lesionar novamente a área ou causar uma crise de dor. Por exemplo, a prancha lateral é frequentemente incluída nos programas de treinamento de *core*. Este é um exercício ideal para ativar o transverso abdominal, os oblíquos e o quadrado lombar (McGill, 2002). No entanto, a prancha lateral não seria um exercício adequado para um cliente que tem um histórico de dores no ombro.

RESUMO

Entrevistar seu cliente é o primeiro passo crucial no desenvolvimento de uma relação profissional. Você sempre deve conduzir uma entrevista com o cliente antes de iniciar um programa de treinamento ou de reabilitação. A falha em ouvir e se informar com seu cliente pode afetar negativamente o seu desenvolvimento do programa. E também poderia lhe custar clientela.

Durante o processo de entrevista, você deve ser capaz de identificar os objetivos pessoais de *fitness* do cliente. Você também deve identificar os hábitos atuais de *fitness* dele, saber sobre seus diagnósticos médicos anteriores ou atuais e obter um conhecimento de como os atributos exclusivos do cliente podem influenciar o desenvolvimento do programa. Cada um desses fatores irá ajudá-lo a desenvolver um programa preparado para aquele indivíduo. Lembre-se, um programa de *core* genérico (tamanho único) falhará em satisfazer as necessidades funcionais da maioria dos clientes. Uma vez terminado o processo de entrevista do cliente, você realizará uma avaliação funcional. Essa avaliação permitirá a você identificar pontos fortes e limitações funcionais do cliente.

Physical Activity Readiness
Questionnaire - PAR-Q
(revisado em 2002)

PAR-Q e você

(Um questionário para pessoas com idade entre 15 e 69 anos)

Atividade física regular é divertida e saudável, e cada vez mais pessoas estão começando a ficar mais ativas todos os dias. Ser mais ativo é muito seguro para a maioria das pessoas. No entanto, algumas pessoas devem consultar seu médico antes de começar a ficar mais fisicamente ativas.

Se você pretende se tornar muito mais fisicamente ativo do que é agora, comece respondendo a sete perguntas no quadro a seguir. Se você tem entre 15 e 69 anos, o PAR-Q lhe dirá se você deve consultar seu médico antes de começar. Se você tem mais de 69 anos de idade e não está acostumado a ser muito ativo, consulte seu médico.[1]

O senso comum é seu melhor guia para responder a estas perguntas. Por favor, leia-as atentamente e responda cada uma honestamente: marque SIM ou NÃO.

SIM	NÃO	
☐	☐	1. Seu médico alguma vez falou que você tem um problema cardíaco e só deve fazer atividade física recomendada por um médico?
☐	☐	2. Você sente dor no peito ao realizar atividade física?
☐	☐	3. No último mês, você sentiu dor no peito enquanto fazia atividade física?
☐	☐	4. Você perde o equilíbrio por causa das tonturas ou perde a consciência?
☐	☐	5. Você tem um problema ósseo ou articulatório (por exemplo, costas, joelho ou quadril) que pode ser agravado por uma mudança em sua atividade física?
☐	☐	6. Seu médico lhe prescreveu remédios (por exemplo, diuréticos) para pressão sanguínea ou problema cardíaco?
☐	☐	7. Você sabe de alguma outra razão para não fazer atividade física?

Se você respondeu

Sim para uma ou mais perguntas

Converse com seu médico por telefone ou pessoalmente ANTES de começar a ficar muito mais fisicamente ativo ou ANTES de você fazer uma avaliação de condicionamento. Fale para seu médico sobre o PAR-Q e as perguntas a que você respondeu sim.
- Você pode conseguir fazer qualquer atividade desejada — contanto que comece devagar e intensifique gradualmente. Ou você pode precisar restringir suas atividades àquelas seguras para você. Converse com seu médico sobre os tipos de atividades que você deseja participar e siga conselho dele.
- Descubra quais programas comunitários são seguros e proveitosos para você.

NÃO para todas as perguntas

Se você respondeu NÃO honestamente a todas as perguntas do PAR-Q, você pode estar razoavelmente certo de que pode:
- Começar a se tornar muito mais fisicamente ativo – comece devagar e intensifique gradualmente. Esta é a maneira mais segura e fácil.
- Participe em uma avaliação de condicionamento – esta é uma excelente maneira de determinar seu condicionamento básico para que você possa planejar a melhor maneira de viver ativamente. Também é altamente recomendável que você avalie sua pressão arterial. Se sua pressão for maior que 14,4 x 9,4, converse com seu médico antes de começar a se tornar muito mais fisicamente ativo.

Adie tornar-se muito mais ativo
- Se você não está se sentindo bem em virtude de uma doença temporária como gripe ou febre, espere até que se sinta melhor;
- Ou se você está, ou pode estar grávida, converse com seu médico antes de começar a se tornar mais ativa.

Nota: Se houver uma alteração em sua saúde de maneira que você passe a responder SIM para alguma das questões, fale para o profissional de saúde ou *fitness*. Pergunte a ele se você deve mudar seu programa de treinamento físico.

Informe o uso do PAR-Q: a Canadian Society for Exercise Physiology, Health Canada, e seus agentes não assumem responsabilidade por pessoas que realizem atividades físicas e, em caso de dúvida depois de completar esse questionário, consulte seu médico antes da atividade física.

Não é permitida nenhuma alteração. Você pode fazer uma fotocópia do PAR-Q, mas apenas se usar o formulário inteiro.

Nota: se o PAR-Q é dado a uma pessoa antes de ela participar de um programa de atividade física ou de uma avaliação de condicionamento, esta seção pode ser usada para fins jurídicos ou administrativos.

"Eu li, compreendi e completei este questionário. Quaisquer perguntas que eu tinha foram respondidas para minha completa satisfação plena".

Nome _____

Assinatura _____ Data _____

Assinatura dos pais ou responsáveis _____ Testemunha _____
(para participantes com menos de 18 anos de idade)

Nota: Esta permissão de atividade física é válida por no máximo doze meses a partir da data em que for preenchida e se tornará inválida se sua situação mudar de maneira que você responda SIM a qualquer das 7 perguntas.

continua...

 © Canadian Society for Exercise Physiology   Supported by: Health Canada   Santé Canada

Formulário 3.1 Questionário PAR-Q. Um formulário como este pode ser o primeiro passo ao examinar os clientes para descobrir problemas médicos que possam afetar o exercício.
De Human Kinetics, 2010, *Avaliação e Treinamento de Core* (Champaign, IL: Human Kinetics).
Fonte: *Questionário de Aptidão para Atividade Física (PAR-Q)* © 2002. Usado com permissão da Canadian Society for Exercise Physiology www.csep.ca.

[1] N.R.C.: No entanto, mesmo que você responda "não" a todas as perguntas, a liberação médica é fundamental.

Continuação

PAR-Q e VOCÊ

Physical Activity Readiness
Questionnaire - PAR-Q
(revisado em 2002)

Fonte: *Canada's Physical activity Guide to Healthy Active Living*, Health Canada, 1998 http://www.hc-sc.gc.ca/hppb/paguide/pdf/guideEng.pdf
© Reproduzido com a permissão do Ministério Público do Trabalho e Governo do Canadá, 2002.

PROFISSIONAIS DE *FITNESS* E DE SAÚDE PODEM TER INTERESSE NA INFORMAÇÃO ABAIXO:

Os seguintes formulários complementares estão disponíveis para uso médico contatando a Canadian Society for Exercise Physiology (endereço a seguir):

O ***Physical Activity Medical Examination* (PARmed-X)** – para ser usado por médicos para pessoas que respondem SIM a uma ou mais perguntas do PAR-Q.

O ***Physical Activity Medical Examination for Pregnancy* (PARmed-X for Prenancy)** – para ser usado por médicos em pacientes grávidas que desejam ser mais ativas.

Referências:
Arraix, G.A., Wigle, D.T., Mao, Y. (1992). Risk Assessment of Physical Activity and Physical Fitness in the Canada Health Survey Follow-Up Study. **J. Clin. Epidemiol**. 45:4 419-428.
Mottola, M., Wolfe, L.A. (1994) Active Living and Pregnancy. In: A. Quinney, L. gauvin, T. Wall (eds.). **Toward Active Living: Proceeding of the International Conference on Physical Activity, Fitness and Health**. Champaign, IL: Human Kinetics.
PAR-Q Validation Report, British Columbia Ministry of Health, 1978.
Thomas, S., Reading, J., Shephard, R.J. (1992). Revision of the Physical Activity Readiness Questionnaire (PAR-Q). **Can. J. Spt. Sci**. 17:4 338-345.

Para pedir cópias do PAR-Q, por favor, entre em contato:

Canadian Society for Exercice Physiology
202-185 Somerset Street West
Ottawa, ON K2P OJ2
Tel.1-877-651-3755 FAX (613) 234-3565
Site: www.csep.ca

O PAR-Q original foi desenvolvido pelos peritos do Ministério da Saúde da Colúmbia Britânica. E foi revisado pelo Comitê da Sociedade Canadense para o Exercício Físico, presidido pelo Dr. N. Gledhill (2002).

Disponível em francês com o título: *Questionnaire sur l'aptitude à l'activité physique – Q-AAP (revisé 2002).*

Formulário 3.1(continuação)
De Human Kinetics, 2010, *Avaliação e Treinamento de Core* (Champaign, IL: Human Kinetics).
Fonte: *Questionário de Aptidão para Atividade Física (PAR-Q)* © 2002. Usado com permissão da Canadian Society for Exercise Physiology www.csep.ca.

Informações do Cliente (exemplo)

Nome:_____.
Endereço: _____.
Telefone residencial:_____ Telefone comercial:_____
Data de nascimento:_____ Ocupação: _____
Altura (cm):_____ Peso (kg): _____
IMC: _____ [IMC = peso (kg) /ht (m)^2
Pressão arterial: Sistólica _____ mmHg _____ Diastólica _____ mmHg
Frequência cardíaca:_____ bpm

Por favor, marque cada afirmação verdadeira

_____ Você é um homem com idade superior a 45 anos.

_____ Você é uma mulher com idade superior a 55 anos.

_____ Você é fisicamente inativo (ativo menos de 30 minutos, 3 vezes por semana).

_____ Você está acima do peso (20 lb [9 kg] ou mais, ou IMC acima de 30).

_____ Você fuma atualmente ou parou de fumar nos últimos 6 meses.

_____ Você tem pressão alta ou toma medicação para pressão.

_____ Pressão arterial sistólica acima de 140 mmHg.

_____ Pressão arterial diastólica acima de 90 mmHg.

_____ Você foi informado que tem colesterol alto.

_____ Seu pai ou irmão teve um ataque cardíaco ou fez cirurgia cardíaca antes dos 55 anos.

_____ Sua mãe ou irmã teve um ataque cardíaco ou fez cirurgia cardíaca antes dos 65 anos.

Hábitos de exercício

_____ Esforço ocupacional e recreativo intensos.

_____ Esforço ocupacional e recreativo moderados.

_____ Trabalho sedentário e esforço intenso.

_____ Trabalho sedentário e esforço recreativo moderado.

_____ Trabalho sedentário e esforço recreativo leve.

_____ Total falta de esforço ocupacional ou recreativo.

Há alguma razão para você não poder se exercitar regularmente? _____
_____
_____.

Formulário 3.2 Se o PAR-Q indica que o cliente está aparentemente saudável, um formulário como este ajudará você a determinar se há outras doenças relevantes e fornecerá informações sobre os hábitos de exercício e o estilo de vida do cliente.

De Human Kinetics, 2010, *Avaliação e Treinamento de* Core (Champaign, IL: Human Kinetics).

Reproduzido, com permissão, de Can-Fit-Pro, 2008, *Foundations of professional training* (Champaign, IL: Human Kinetics), p. 104-106.

De que exercícios você gosta ou gostou no passado?

1. _____
2. _____
3. _____

Doenças médicas pré-existentes

Por favor, marque as doenças adequadas.

___ Anemia ___ Artrite ___ Asma

___ Colesterol ___ Diabetes ___ Epilepsia

___ Doença cardíaca ___ Hérnia ___ Obesidade

___ Gravidez ___ Problemas de tireoide ___ Úlcera

___ Outras: _____

Remédios

Você está tomando alguma medicação no momento? _____ Sim _____ Não

Se sim, indique a medicação e para que doença.

Medicação:_____ Doença: _____

Medicação:_____ Doença: _____

Medicação:_____ Doença: _____

Medicação:_____ Doença: _____

Alergias

Você tem alguma alergia? _____ Sim _____ Não

Se sim, por favor, liste e indique se alguma medicação é necessária.

Alergia:_____ Medicação necessária: _____

Alergia:_____ Medicação necessária: _____

Lesões

Você tem dor ou já lesionou alguma das seguintes regiões?

___ Pescoço ___ Dorso ___Lombar ___Ombro: D / E

___ Cotovelo: D / E ___Pulso: D / E ___Quadril: D / E ___ Joelho: D / E

___ Tornozelo: D / E Por favor, explique: _____

_____

_____

Formulário 3.2 (*continuação*)

De Human Kinetics, 2010, *Avaliação e Treinamento de* Core (Champaign, IL: Human Kinetics).

Reproduzido, com permissão, de Can-Fit-Pro, 2008, *Foundations of professional training* (Champaign, IL: Human Kinetics), p. 104-106.

Contato em Caso de Emergência

Nome: _____

Telefone: _____

Parentesco: _____

Médico da família

Nome: _____

Cidade: _____

Telefone: _____

Estilo de vida

	Sempre	Às vezes	Raramente
Eu tenho entre 7 e 8 horas de sono por noite			
Eu sou fisicamente ativo 3 vezes por semana			
Eu faço exames médicos regularmente			
Eu como de 3 a 5 porções de vegetais por dia			
Eu como de 2 a 4 porções de frutas por dia			
Eu como de 6 a 10 porções de grãos e cereais por dia			
Eu como de 2 a 3 porções de carnes e nozes por dia			
Eu faço um esforço consciente para comer de modo saudável			
Eu sigo uma dieta rigorosa			
Não tenho nenhum estresse em minha vida			
Eu sou uma pessoa muito feliz			
Eu tenho muita motivação			

Personal Trainer

Ao assinar este formulário, certifico que pedi e compreendi as informações pertinentes necessárias para tomar decisões bem informadas.

Assinatura: _____ Data: _____

Cliente

Ao assinar este formulário, certifico que transmiti todas as informações pertinentes de forma honesta e verdadeira.

Assinatura: _____ Data: _____

Formulário 3.2 (*continuação*)

De Human Kinetics, 2010, *Avaliação e Treinamento de Core* (Champaign, IL: Human Kinetics).
Reproduzido, com permissão, de Can-Fit-Pro, 2008, *Foundations of professional training* (Champaign, IL: Human Kinetics), p. 104-106.

4
Avaliação Física e Testes Funcionais

Como foi discutido no Capítulo 3, você deve realizar uma entrevista inicial com cada cliente para reunir informações sobre a situação de sua saúde e de seu condicionamento. No entanto, o programa de treinamento que você desenvolver será incompleto se depender exclusivamente dessas informações. Você também deve realizar exames físicos e testes funcionais para avaliar o estado físico atual de seu cliente. Isso permitirá que você identifique uma linha de base para o nível funcional do *core* do cliente. Em seguida, poderá combinar as informações reunidas na avaliação física com as obtidas durante a entrevista para ajudar a orientar o desenvolvimento do programa.

DESCRIÇÕES DE AVALIAÇÃO FÍSICA DO TRONCO

Há muitas ferramentas de avaliação que podem ser utilizadas para ajudar a determinar o nível funcional de seu cliente. O desafio consiste em escolher um conjunto de testes que maximizará sua compreensão do estado funcional do cliente e que estará, também, dentro dos parâmetros físicos e financeiros de sua configuração. Por exemplo, indivíduos em um hospital universitário podem ter acesso a equipamentos caros de teste isocinético ou dispositivos de treino de equilíbrio. No entanto, treinadores de força que trabalham no ensino médio podem estar limitados a equipamentos de ginásio disponível e ao espaço de uma quadra. Independentemente de seu ambiente de trabalho, você deve ser capaz de aplicar cada um dos testes apresentados neste Capítulo.

Em comparação a avaliações de outras partes do corpo, a avaliação do *core* se mostrou desafiadora. Testes isocinéticos, por exemplo, podem fornecer dados objetivos sobre a força de um cliente a várias velocidades. No entanto, a estrutura da maioria dos equipamentos isocinéticos só permite testar as extremidades superiores e inferiores. Entretanto, um **teste funcional** pode fornecer informações valiosas sobre o estado funcional da linha de base do cliente. Testes funcionais diferem de testes musculares manuais tradicionais por avaliar a força em um padrão de movimento funcional. Consequentemente, algumas análises adicionais podem ser necessárias para interpretar os resultados. Infelizmente, é comum a falta de pesquisas sobre a confiabilidade e a validade de alguns desses testes.

Ao avaliar a condição da linha de base do cliente, um profissional de *fitness* deve usar testes cuja **validade** e **confiabilidade** tenham sido cientificamente comprovadas. Um teste é considerado válido quando mede o que se espera que meça. É confiável se fornece consistentemente os mesmos resultados a cada vez que é repetido (Portney e Watkins, 1999; Jewell, 2008). Alguns testes funcionais ainda precisam ser avaliados cientificamente quanto a sua validade e confiabilidade. Isso não significa que esses testes não têm relevância. Eles ainda podem fornecer informações valiosas para ajudar na recomendação de exercícios e na criação de programas.

As seções a seguir identificam uma sequência específica de testes que pode ser usada para testar o *core* funcionalmente. O teste começa com o cliente em pé e progride para testes em que o cliente se posiciona de diversas maneiras sobre uma mesa ou esteira. A ordem dos testes é projetada para minimizar o número de mudanças de posição durante a sequência (Plastaras et al., 2005).

37

AVALIAÇÃO EM PÉ

Em sua avaliação inicial, cada cliente deve começar em pé. Assim, você pode observar a postura do cliente, avaliar sua amplitude ativa de movimento (AROM) e aplicar testes funcionais em pé.

Avaliando a Postura

Para muitas pessoas, a palavra postura evoca memórias de quando lhes mandavam se sentar direito e manter a coluna ereta. Como se isso não bastasse, quando as pessoas sofrem uma lesão musculoesquelética no pescoço ou nas costas, muitas vezes seus prestadores de cuidados de saúde as lembram dos benefícios de uma postura correta.

Por que manter uma postura correta é importante para clientes e pacientes? Por que profissionais da saúde dão tanto valor à boa postura? Dê uma olhada ao redor. Quantas pessoas mantêm uma postura correta quando estão sentadas em seu local de trabalho por mais de 30 minutos? E por 1 minuto? Para muitos, as ocupações da vida (trabalho, passatempos e assim por diante) tendem a limitar a variedade de seus movimentos. As pessoas acabam se limitando a uma ou duas posições por períodos prolongados. Depois de algum tempo, o corpo começa a se adaptar (tensionar) em resposta a essas posições.

Acredita-se que a manutenção da postura correta ajuda a diminuir o peso anormal sobre as articulações que pode contribuir para artrites ao longo do tempo. A postura correta supostamente também colabora para diminuir ou eliminar dores musculares e nas articulações. Embora haja poucos estudos que apoiam essas afirmações, muitas pessoas aliviam suas dores ou seus músculos doloridos reposicionando seu corpo de uma postura para outra.

Reconhecer más posturas é muito mais fácil que definir ou quantificar a postura ideal. Basicamente, a postura ideal é aquela em que uma pessoa mantém uma posição esquelética que faz a menor pressão sobre as articulações, os músculos e os ligamentos.

Teste de Prumo

Objetivo: Identificar desvios posturais

Instruções:

1. Certifique-se de que o cliente está vestido adequadamente; suas roupas devem permitir que você veja a coluna inteira facilmente. Peça para os homens tirarem suas camisetas. Peça para as mulheres usarem um *top* esportivo.
2. Pendure um fio de prumo no teto ou no topo de um aparelho de agachamento.
3. Quando você estiver olhando o cliente de lado, a linha deve passar atrás da orelha do cliente (pelo processo mastoide do osso temporal), à frente do sacro, atrás da articulação do quadril e à frente das articulações do joelho e do tornozelo (Figura 4.1). A linha também deve passar pelo lado côncavo de cada uma das curvas da coluna.
4. Além de olhar para o cliente contra o fio de prumo, você deve avaliar a postura da frente e de trás.

Figura 4.1 Estabelecimento da linha para o teste de prumo.
Reproduzido, com permissão, de J. Griffin, 2006, Client-centered exercise prescription, 2. ed. (Champaign, IL: Human Kinetics), p. 106.

Distinguindo Vários Tipos de Posturas Incorretas

Identificar desvios posturais de seus clientes é importante por duas razões. Em primeiro lugar, um cliente que apresenta um dos desvios posturais (veja a lista a seguir) se beneficiaria de uma avaliação feita por um ortopedista ou por um fisioterapeuta ou por um educador físico. Algumas falhas posturais podem precisar de cintas ou intervenções cirúrgicas. Em segundo lugar, identificar o tipo de desvio postural ajudará a determinar músculos que exijam exercícios específicos de alongamento ou de fortalecimento. Os desvios em relação à postura normal serão indicadores de regiões do corpo que podem estar sendo expostas a forças excessivas. Se não forem realizados exercícios corretivos, essas forças podem contribuir para o aparecimento de lesões.

A seguir são descritos alguns tipos comuns de desvios posturais (Quadro 4.1):

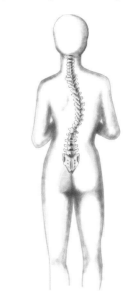

- *Escoliose.* Escoliose é uma curvatura lateral e rotacional da coluna vertebral (Figura 4.2). Uma escoliose pode ser observada por trás, sobretudo conforme o cliente se curva para frente. Dados recentes sugerem que a escoliose **idiopática** pode ser causada por fatores genéticos (Gao et al., 2007). Crianças e adolescentes que apresentam escoliose devem ser encaminhados a seu médico para uma avaliação. Clientes adultos com escoliose podem ser estáveis — isto é, não é provável que o grau de curvatura aumente. No entanto, um cliente adulto também pode se beneficiar de uma avaliação feita por um ortopedista ou um fisioterapeuta. Os clientes ficam susceptíveis a tensões musculares, especialmente na região da concavidade. Exercícios de alongamento podem ajudar a pessoa com escoliose a manter a flexibilidade que já tem e a reduzir a tensão muscular (embora haja uma falta de dados de pesquisa que apoiem essa alegação).

Figura 4.2 Escoliose.
Reproduzido, com permissão, de W. Whiting e S. Rugg, 2005, *Dynatomy* (Campaign, IL: Human Kinetics), p. 65.

- *Cifose ou postura cifótica.* Cifose é uma curvatura na parte superior das costas que, em geral, é resultado de adaptações posturais. Uma coluna cifótica também pode resultar de fatores congênitos ou de uma fratura vertebral torácica. Este problema também pode ser uma consequência natural do envelhecimento. Ao observar o cliente de lado, como no teste de prumo, um indivíduo cifótico tem um grande arredondamento da parte superior das costas (Figura 4.3).

- *Lordose excessiva.* A orientação convexa normal da coluna lombar é acentuada para dentro, em direção ao centro do corpo. Quando vista de lado no teste de prumo, uma pessoa com lordose lombar acentuada, em geral, apresenta uma cifose torácica excessiva. Um cliente com lordose pode ter músculos lombares, flexores do quadril e quadríceps tensos. Esses clientes frequentemente têm fraqueza abdominal significativa.

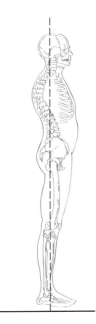

Figura 4.3 Postura cifótica.
Reproduzido, com permissão, de J. Griffin, 2006, *Client-centered exercise prescription*, 2. ed. (Champaign, IL: Human Kinetics), p. 106.

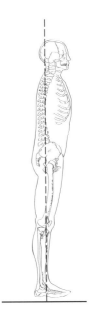

Figura 4.4 Postura de costa plana.
Reproduzido com permissão, de J. Griffin, 2006, *Client-centered exercise prescription*, 2. ed. (Champaign, IL: Human Kinetics), p. 106.

Coluna retificada. Clientes ou pacientes com uma postura de coluna retificada apresentarão uma perda (ou redução) das curvas cifótica e lordótica normais (Figura 4.4). Quando se observa uma pessoa com esse padrão de postura de lado no teste de prumo, percebe-se uma redução da lordose lombar e, possivelmente, também da curvatura normal da coluna torácica. Uma preocupação para clientes com uma coluna lombar plana (ou clientes cuja postura está progredindo para uma postura de costas arredondadas) é o potencial de momentos excessivos de flexão sobre os discos lombares. A sobrecarga constante dos discos nessa postura pode aumentar o risco de lesão de disco em algumas pessoas. Clientes com coluna retificada ou arredondadas são susceptíveis a tensões dos flexores e dos tendões do quadril, além de fraqueza generalizada do *core*, especialmente os extensores lombares.

Quadro 4.1 Desvios posturais e conclusões musculoesqueléticas associadas a eles

Postura incorreta	Conclusões musculoesqueléticas comuns
Escoliose	Há uma ou mais curvas laterais na coluna torácica ou lombar. Na coluna torácica, há uma corcova de costela no lado convexo. Há tensão muscular do lado côncavo. Pode haver fraqueza muscular no *core*.
Cifose	Cifose excessiva da coluna torácica aparece como um arredondamento da parte medial ou superior das costas. É provável que as escápulas estejam prolongadas e possivelmente saltadas. A parte medial das escápulas parecerão que foram levantadas das costas. Musculatura do peito (peitoral maior e menor) tensa e musculatura do *core* e das escápulas fraca são geralmente encontradas em pessoas com uma coluna cifótica.
Lordose	Há lordose lombar excessiva (e, provavelmente, um nível associado de cifose torácica). O cliente provavelmente terá baixa força do *core*. Se há cifose excessiva, as conclusões serão semelhantes às listadas anteriormente.
Costa plana	O cliente demonstra perda de cifose torácica ou lordose lombar normais. O cliente provavelmente tem fraqueza dos músculos do *core* e perda geral da amplitude ativa de movimento da coluna.

Teste em Pé de Amplitude Ativa de Movimento

Os dois testes a seguir são usados para avaliar a mobilidade geral da coluna vertebral e dos quadris. Para efeitos deste teste, os movimentos são observados quanto a sua qualidade em vez de serem mensurados objetivamente.

Teste de Amplitude Ativa de Movimento (AAM) da Coluna

Objetivo: Avaliar a AAM da coluna lombar
Posição de cliente: Em pé
Posição do avaliador: Atrás do cliente
Instruções: Peça ao cliente que faça o seguinte:
1. Flexionar ativamente (curvar para frente).
2. Alongar (curvar para trás).
3. Curvar-se para os lados (flexão lateral).
4. Girar.

Resultados: Atentar para grandes restrições ao movimento, bem como para diferenças entre os lados durante a flexão ou a rotação lateral. Um cliente pode apresentar falta de flexibilidade por não ter uma amplitude total de movimento ou mostrando assimetria de movimento de um lado para outro.

Teste Cruzado à Frente do Quadril

O teste cruzado à frente do quadril é uma maneira eficiente de avaliar rapidamente a amplitude de movimento que o cliente apresenta nos quadris.
Instruções: Peça para o cliente ficar em uma perna só. Peça que ele cruze uma perna (aduzir e rotacionar a perna internamente) à frente da outra. Então, peça que ele abduza e rotacione externamente a perna para o lado de fora.
Resultados: Compare os movimentos de cada lado para avaliar simetria.

Testes Funcionais em Pé

Os testes funcionais realizados em pé permitem avaliar a capacidade do cliente em realizar padrões de movimento funcional, bem como identificar grupos musculares potencialmente fracos. As informações colhidas por meio desses testes funcionais ajudarão a prescrever os exercícios. A relativa facilidade de execução desses testes também permite que você reavalie o cliente rapidamente após algumas semanas para determinar se o programa iniciado está ajudando a melhorar a força e o funcionamento.

Avaliação de Agachamento

Instruções: Pedir ao cliente para executar agachamentos várias vezes.
Resultados: Observe como o cliente executa os agachamentos pela frente e pelo lado. Ao analisar o cliente de frente, observe se há simetria de movimento conforme ele abaixa seu corpo. Ao analisar o cliente de lado, observe a posição da coluna vertebral em relação à pélvis. O cliente consegue manter uma posição neutra da coluna? O quadril do cliente se move para trás quando realiza o agachamento ou, em vez disso, ele flexiona excessivamente os joelhos?

Avaliação de Avanço

Instruções: Peça ao cliente que execute um avanço para frente.
Resultados: Observe como o cliente executa o avanço. Se o cliente flexiona o tronco para o lado, aduz e rotaciona o quadril internamente ou mostra um valgo no joelho (joelho cruza a linha mediana), pode haver fraqueza do *core*.
Variação: Você também pode realizar este teste com avanços em outros planos considerados funcionalmente importantes.

Teste de Agachamento de uma só Perna

O teste de agachamento de uma só perna é um teste funcional útil para identificar disfunções na força do quadril e no controle do tronco em clientes e atletas (Zeller et al., 2003; DiMattia et al., 2005; Livengood et al., 2004).
Instruções: Peça para o cliente realizar um agachamento com uma perna, flexionando o joelho a cerca de 60° e, em seguida, retornar a uma postura totalmente ereta (Plastaras et al., 2005; Zeller et al., 2003). Se o cliente for incapaz de manter seu equilíbrio durante o teste, o teste é malsucedido e deve ser executado novamente.
Resultados: Ao observar o cliente da frente, você pode identificar vários padrões disfuncionais de movimento (Quadro 4.2). Idealmente, quando um cliente executa o agachamento de uma só perna, a pélvis permanecerá no mesmo nível. Quando um atleta tem fraqueza nos abdutores do quadril (por exemplo, no glúteo médio), o lado oposto do quadril provavelmente estará em um nível mais baixo. Isso é conhecido como sinal de Trendelenburg (DiMattia et al., 2005; Livengood et al., 2004).

Para clientes ou atletas que demonstram padrões disfuncionais de movimento no agachamento de uma só perna, o trabalho deve ser direcionado a fortalecer a musculatura fraca do quadril (principalmente os abdutores e rotadores externos). Após o fortalecimento da musculatura, deve-se reintegrar o cliente em uma série de fortalecimento funcional.

Quadro 4.2 Erros de alinhamentos do agachamento de uma só perna e disfunções correspondentes

Erro de alinhamento	Disfunção correspondente
Sinal de Trendelenburg	Fraqueza do abdutor do quadril.
Adução ou rotação interna do quadril	Fraqueza dos abdutores e dos rotadores externos do quadril.
Joelho valgo	Fraqueza de quadril (ou pode ser inerente à configuração óssea do cliente).
Rotação tibial interna	Fraqueza proximal de quadril (ou pode ser inerente à configuração óssea do cliente).
Pronação do pé	Pode ser exagerada por um colapso medial proximal (ou pode ser causado pelo tipo de pé do cliente).

Teste de Equilíbrio na Estrela

O teste de equilíbrio de volta na estrela (TEVE) é um teste funcional projetado para avaliar o controle postural dinâmico. O TEVE é um teste de fácil execução e requer muito pouco material e tempo para ser preparado. Faz-se uma estrela no chão colando quatro tiras de fita adesiva — duas na forma de um sinal de adição (+) e duas na forma de um sinal de multiplicação (X). As tiras formando o "+" e o "x" devem ser posicionadas a um ângulo de 45° entre si (Gribble, 2003). Cada tira de fita deve ter aproximadamente 2,5 metros de comprimento.

Instruções:

1. Peça para o cliente ficar apoiado em um pé no centro da estrela.
2. Instrua o cliente a mover o outro pé tanto quanto possível em cada direção. O cliente deve tocar o chão suavemente com a parte dianteira do pé sem apoiar seu peso nele. Em seguida, o cliente deve retornar ao ponto de partida, mantendo a base de apoio na perna do centro da estrela.
3. Marque o ponto da fita em que o pé do cliente a toca. Meça a distância entre este ponto e o centro da estrela. Se o cliente colocar peso sobre o pé, descansar, perder o equilíbrio ou não conseguir retornar à posição inicial, o teste é descartado e deve ser repetido.

Resultados: Compare a simetria bilateral do movimento. A falta de simetria entre os lados pode ser associada a um maior risco de lesão (Plisky et al., 2006). As posições em que o cliente não consegue alcançar tão longe quanto nas outras podem sugerir fraqueza nos músculos glúteos da perna de apoio ou equilíbrio dinâmico disfuncional.

AVALIAÇÕES SOBRE A MESA OU A ESTEIRA

Após a conclusão da avaliação em pé, peça para o cliente ficar em decúbito dorsal (posição supina) sobre uma tabela de tratamento ou uma esteira elevada. Diversos testes serão realizados com o cliente nas posições decúbito dorsal, ventral e lateral.

Posições Supinas

Testar o cliente na posição supina fornecerá informações valiosas sobre a flexibilidade de sua extremidade inferior. Além disso, o teste de resistência dos flexores será executado nessa etapa antes dos testes em que o cliente fica deitado de lado.

Amplitude Passiva de Movimento do Quadril

Músculos testados: rotadores internos e externos do quadril. Além disso, essa posição de teste pode fornecer informações sobre a saúde da articulação do quadril (acetabulofemural). Clientes com assimetria e dor significativas do lado com diminuição relevante da amplitude de movimento devem ser encaminhados a seus médicos para avaliação. É possível que o cliente tenha lesões na articulação ou artrite.

Objetivo: Verificar se há falta de flexibilidade ou assimetria de movimento entre os lados do quadril (decúbito lateral).

Posição de cliente: Supina com uma perna posicionada na posição 90-90 (quadril e joelho).

Posição do avaliador: Ao lado do cliente. Coloque sua mão (a mão mais próxima à cabeça do cliente) na coxa do cliente logo acima da articulação do joelho. Coloque sua outra mão no pé (perto do tornozelo) para que você possa controlar o movimento da perna.

Instruções: Rotacione lentamente o pé para dentro (medialmente) ou para fora (lateralmente) para avaliar as amplitudes de movimento interna e externa do quadril. Quando você move o pé para dentro (ou medialmente), você está testando a rotação externa no quadril. Analogamente, quando você move o pé para fora, está testando rotação interna no quadril.

Resultados: Observe se há assimetria entre os lados. Uma diminuição no movimento sugere uma possível tensão em um ou mais músculos da pélvis ou do quadril. Mais testes são necessários para identificar os músculos específicos em que isso ocorre. Se há perda de movimento em um paciente de reabilitação, justifica-se realizar testes adicionais de mobilidade das articulações do quadril e da coluna.

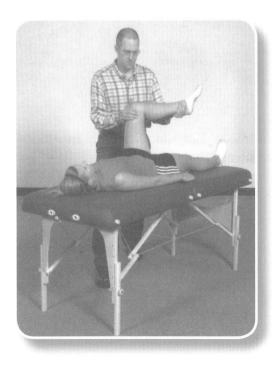
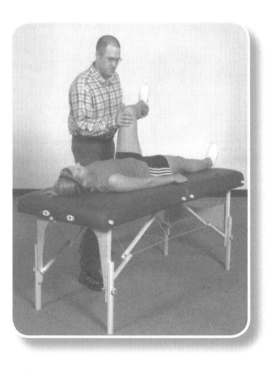

Teste de Elevação de Perna Estendida

Músculos testados: Posteriores da coxa.
Posição do cliente: deitado em decúbito dorsal.
Posição do provedor de serviços: Em pé ao lado da mesa. Segure o tornozelo do cliente com uma mão enquanto apalpa a frente da pélvis com sua outra mão.
Instruções: Eleve lentamente a perna estendida do cliente até sentir resistência ou movimento da pélvis.
Resultados: Esse teste permite avaliar a flexibilidade geral dos posteriores do cliente e verificar se há qualquer assimetria entre os lados. Se o cliente se queixa de dor (não relacionada a uma sensação geral de alongamento), ele deve ser encaminhado ao médico.

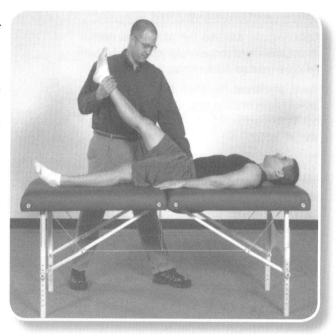

Teste de Thomas

Músculos testados: Psoas maior, ilíaco.
Posição de cliente: Deitado em decúbito dorsal.
Posição do provedor de serviços: Ajoelhado (ou em pé) ao lado da mesa.
Instruções: O cliente flexiona e segura um quadril, deixando a outra coxa sobre a mesa.
Resultados: Se o quadril apresenta flexibilidade normal, o lado testado permanecerá sobre a mesa de exame. Se os flexores do quadril estão tensos, a coxa do cliente se elevará da mesa.

Teste de Resistência do Flexor

Objetivo: Avaliar a capacidade de resistência funcional da musculatura anterior do tronco (reto abdominal).

Posição de cliente: Postura reclinada com as costas inicialmente apoiadas contra uma almofada ou um suporte a um ângulo de 60° da superfície da mesa (McGill, 2002).

Posição do provedor de serviços: Em pé, aos pés do cliente.

Instruções:
1. Peça ao cliente para se posicionar com os quadris e os joelhos dobrados a 90° e os braços cruzados sobre o peito. Uma faixa ou cinto pode estar em volta dos tornozelos para ajudar a estabilizar o corpo; no entanto, em vez de usar a faixa, você pode fornecer suporte estabilizando manualmente o cliente nos tornozelos.
2. Para iniciar o teste, remova o objeto de apoio (almofada ou suporte), pedindo a um assistente que afaste a almofada 10 centímetros para trás. Peça para o cliente manter esta posição o maior tempo possível.

Resultados: Registre quanto tempo (em segundos) o cliente é capaz de manter essa posição. O teste acaba quando qualquer parte das costas do cliente entrar em contato com a almofada ou o suporte. Ver Tabela 4.1.

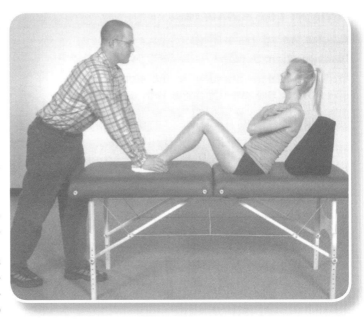

Posições Decúbito Lateral

Os testes seguintes devem ser realizados em ambos os lados do corpo. O primeiro teste, o de musculatura lateral, avalia a capacidade de resistência de alguns dos músculos do tronco. O teste de Ober ajudará a identificar uma falta de flexibilidade na parte lateral (externa) do quadril.

Teste de Musculatura Lateral

Músculos testados: Oblíquos, transverso abdominal, quadrado lombar.

Posição de cliente: Posição de prancha lateral com os pés em posição anteroposterior. O cliente se apoia no antebraço inferior e nos pés.

Posição do provedor de serviços: Em pé na frente do cliente.

Instruções: Registre quanto tempo o cliente consegue manter a posição correta.

Resultados:
1. Em primeiro lugar, verifique se há incapacidade de assumir a posição correta de prancha lateral. Isso indica uma fraqueza acentuada dos músculos oblíquos, transverso e quadrado lombar.
2. Se o cliente é capaz de assumir a posição correta, registre por quanto tempo (em segundos). O cliente poderá tentar adotar estratégias de compensação para manter a posição. Preste atenção se o quadril do cliente se aproxima da mesa. Também observe se o cliente rotaciona o quadril para frente ou para trás ao longo do eixo longo do corpo para manter a posição correta (Tabela 4.1).

Teste de Ober

Músculos testados: Tensor da fáscia lata (TFL).
Posição de cliente: Deitado em decúbito lateral com o joelho de baixo flexionado, quadril e joelho para proporcionar estabilidade.
Posição do avaliador: Em pé atrás do cliente.
Instruções: Eleve passivamente a perna do cliente abduzindo o quadril e o joelho estendido. Em seguida, abaixe (ou remova completamente a resistência) a perna lentamente.
Resultados: Se o TFL está tensionado, a perna continuará em uma posição abduzida (em vez de cair sobre a perna de baixo).

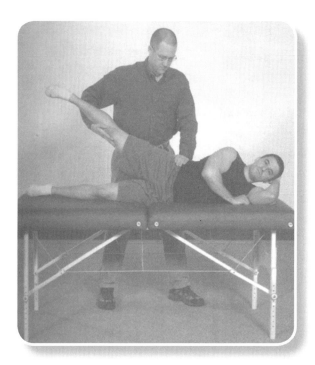
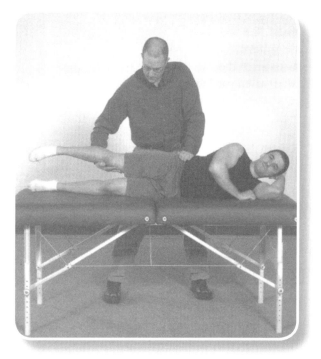

Decúbito ventral

Os testes de bruços fornecerão informações sobre a flexibilidade do quadril e a capacidade de resistência dos músculos extensores.

Teste de Ely

Músculos testados: Reto femoral.
Posição de cliente: Deitado em decúbito ventral.
Posição do provedor de serviços: Em pé ao lado da mesa.
Instruções: Segure o tornozelo do cliente com a mão mais próxima de seus pés. Flexione passivamente o joelho do cliente, movendo o tornozelo em direção ao glúteo.
Resultados: Se o quadril se flexiona (ou se eleva da mesa) quando você flexiona o joelho, isso indica tensão do músculo reto femoral.

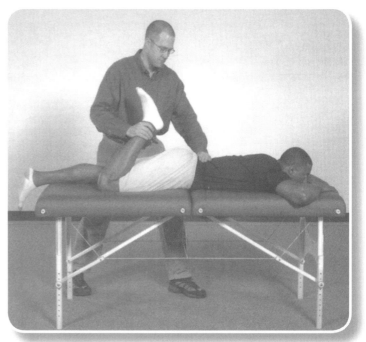

Teste Extensor Lombar

Músculos testados: Eretor da espinha, multifídios.
Posição de cliente: Deitado em decúbito ventral com o tronco posicionado para fora da mesa de tratamento (Biering-Sorensen, 1984). Use uma faixa ou um cinto para prender as pernas do cliente à mesa.
Posição do avaliador: Em pé afastado da mesa para observar o alinhamento do tronco do cliente.
Instruções: Peça para o cliente cruzar os braços sobre o peito para que suas mãos descansem sobre os ombros.
Resultados: Uma vez que o cliente está posicionado corretamente, registre quanto tempo (em segundos) ele consegue manter a posição. O teste termina quando o corpo do cliente cai abaixo da horizontal (Tabela 4.1).
Variação: Se não houver um cinto, você (ou um assistente) pode usar o peso de seu corpo para estabilizar as pernas do cliente. Coloque uma pequena cadeira ou um banquinho à frente da mesa, para que

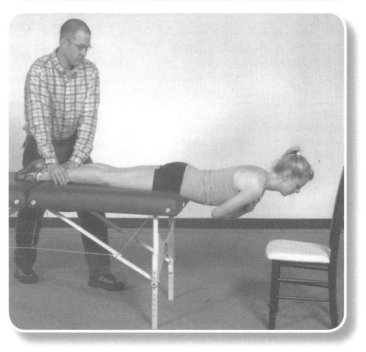

o cliente possa apoiar e estabilizar a parte superior de seu corpo para se posicionar. Peça para o cliente deitar em decúbito ventral sobre a mesa e deslizar para fora. Coloque seus braços ou o peso de seu corpo sobre as pernas do cliente para estabilizá-lo. Comece a marcar o tempo quando o cliente cruzar os braços sobre o peito. Você deve ter condições de observar

quando o cliente se cansa da posição. Então, a cadeira está disponível para o cliente se apoiar novamente ao final do teste.
Dica útil: Atletas e alguns outros clientes são muito competitivos e vão tentar manter a posição do teste tanto quanto possível. Alguns clientes podem tentar trapacear realizando movimentos repetidos de extensão ou movimentos de hiperextensão para manter a posição. Se isso ocorrer, pare o teste mesmo que o corpo do cliente não saia do plano horizontal.

MARCANDO OS TESTES DE RESISTÊNCIA DO TRONCO

Pesquisadores coletaram dados normativos para algumas populações específicas, mas deve-se ter cuidado para evitar comparar clientes a esses dados. A Tabela 4.1 apresenta tempos de resistência de indivíduos saudáveis com uma idade média de 21 anos (McGill, 2002). Então, como as marcações devem ser analisadas para um atleta de corrida de 16 anos ou um cliente de *fitness* de 45 anos? Em vez de esperar que os clientes tenham tempos de resistência comparáveis, você deve analisar as razões entre as marcações de tempo (Tabela 4.2). Quando há um desequilíbrio muscular, a prescrição dos exercícios deve ser voltada para melhorar as razões adequadas.

Tabela 4.1 Tempos médios de resistência para indivíduos saudáveis com idade média de 21 anos

Teste	Homens	Mulheres
Extensor	161 segundos	185 segundos
Flexor	136 segundos	134 segundos
Lateral		
Lado direito	95 segundos	75 segundos
Lado esquerdo	99 segundos	78 segundos

Dados de McGill (2002).

Tabela 4.2 Razões entre as medições dos testes de resistência

Medições de resistência comparadas	Razões que sugerem desequilíbrio
Resistência lateral direita/resistência lateral esquerda	> 0,05
Resistência do flexor/do extensor	> 1,0
Resistência lateral (qualquer lado)/resistência de extensão	> 0,75

Dados de McGill (2002).

RESUMO

A sequência de avaliações físicas apresentada neste Capítulo irá ajudá-lo a reconhecer disfunções do tronco em seus clientes, atletas ou pacientes. Testes funcionais devem começar com o cliente em pé e, em seguida, nas posições supina, de lado e de bruços. A avaliação pode revelar limitações potenciais na amplitude de movimento ou na flexibilidade e fraquezas potenciais na musculatura do tronco ou do quadril. Esses resultados devem ser interpretados para que o significado funcional seja determinado. Integrar as observações feitas durante a avaliação com as exigências funcionais do cliente ajudará você a guiar o programa de exercícios de tronco desenvolvido para ele.

5
Fundamentos do Desenvolvimento de Programas

Como um profissional de *fitness* ou de medicina esportiva, seu objetivo é implementar estratégias de treinamento ideais para ajudar seus clientes a alcançar sucesso. Cientistas do exercício desenvolveram protocolos e estratégias de treinamento para maximizar os resultados físicos e fisiológicos. Além disso, os cientistas estão continuamente testando e refinando esses protocolos. Sua responsabilidade é aplicar esses métodos de treinamento baseados em evidências e incorporar sua experiência profissional conforme tenta criar um programa bem-sucedido para cada cliente. É mais fácil falar que fazer, principalmente quando se considera o desenvolvimento de programas para o *core*. Este Capítulo fornece orientação para ajudá-lo a melhorar sua habilidade de criar programas de treinamento de tronco seguros e eficazes.

ANÁLISE DE NECESSIDADES

Antes de começar a treinar seu cliente, você deve fazer uma análise de necessidades. Um cliente de 50 anos que passou por uma cirurgia na lombar há seis meses provavelmente tem um conjunto de objetivos de treinamento diferente do de um atleta de 16 anos na equipe de atletismo do ensino médio. Esses dois indivíduos precisarão de abordagens significativamente diferentes para a concepção de um programa de exercícios de tronco. Os resultados da análise de necessidades ajudarão você a orientar suas decisões ao selecionar exercícios e implementar variáveis específicas de treinamento. Ao executar uma análise de necessidades, você deve considerar os objetivos de treinamento do cliente, seu nível de treinamento atual, qualquer histórico de lesão musculoesquelética e os resultados da avaliação física e dos testes funcionais.

Objetivos de Treinamento do Cliente

Examinando o formulário de histórico do cliente e entrevistando-o, você deve ter uma visão clara dos objetivos dele (veja o Capítulo 3 para uma discussão da entrevista inicial com o cliente). Durante a análise de necessidades, você deve repetir essas metas e pedir para o cliente confirmá-las. Use essas metas, juntamente com os resultados da avaliação física e dos testes funcionais, para orientar a seleção de exercícios para o tronco e o desenvolvimento de um programa de treinamento.

Por exemplo, Jeremy, um contador de 34 anos, quer melhorar seu condicionamento geral e entrar em um time de basquete da liga de sua cidade na próxima temporada. Se seu único objetivo fosse melhorar seu condicionamento geral, você provavelmente selecionaria exercícios de tronco com um nível de dificuldade entre básico e intermediário. Mas, como Jeremy quer jogar em uma liga de basquete, você pode precisar desenvolver um programa com exercícios entre intermediário e avançado, além de alguns exercícios pliométricos de intensidade baixa a moderada.

Nível de Treinamento Atual do Cliente

Quer você seja um *personal trainer*, um treinador de força ou um especialista de reabilitação, muitos clientes novos que procuram seus serviços provavelmente não participam atualmente de um programa de treinamento adequado. Se o cliente realiza uma rotina regular de exercícios, você precisa determinar quantos e de que tipo são os exercícios de estabilidade do *core* incluídos nessa rotina.

Quão intenso deve ser o programa de exercícios de um cliente? Novamente, depende dos objetivos do cliente. Para a maioria dos clientes de *fitness* ou de pós-reabilitação, uma sequência de exercícios modesta com ênfase no desenvolvimento de resistência muscular do *core* será apropriada (McGill, 2002). Os clientes tendem a ser mais complacentes com seu programa de exercícios se sua série é limitada a três ou quatro exercícios de *core*.

Por um lado, exagerar na prescrição de exercícios de tronco para esses clientes pode limitar a quantidade de tempo que eles têm disponível para realizar uma sequência abrangente de *fitness*. Por outro lado, para indivíduos atléticos deve-se prescrever exercícios de tronco de força e de energia além de exercícios de resistência para atender às demandas funcionais.

Histórico de Lesões Musculoesqueléticas

Conforme foi discutido no Capítulo 4, qualquer cliente que apresenta sintomas musculoesqueléticos deve ser encaminhado a um provedor de assistência médica para avaliação. No entanto, é mais provável você trabalhar com clientes que tiveram uma lesão no passado, mas não estão experimentando dor ou outros sintomas de lesão atualmente. O história de lesões do cliente pode lhe dar pistas sobre potenciais fraquezas funcionais subjacentes. Isso irá guiá-lo na seleção de exercícios adequados para o tronco. Por exemplo, um cliente pode ter tido dor no joelho durante vários anos. A dor pode ser parcialmente atribuída a uma fraqueza funcional no tronco do cliente, principalmente nos rotadores externos e nos abdutores do quadril. Seria adequado iniciar o programa de tronco do cliente com exercícios pliométricos? Provavelmente não. Seria melhor se concentrar nas deficiências funcionais do cliente prescrevendo exercícios como elevação de perna deitado de lado, ponte lateral e avanços. Outro cliente pode ter tido vários episódios de dor nas costas ao tentar levantar objetos pesados. É adequado que esse cliente comece com exercícios de flexão do tronco à frente e de remada unilateral? Não. Ele pode ter uma lesão de disco subjacente que é agravada pela flexão do tronco. Resistência funcional limitada em seu extensor das costas também pode estar contribuindo para seu problema. Então o programa desse cliente deve focar inicialmente o treinamento de estabilidade do *core* em posturas neutras de coluna, progredir para objetivos funcionais conforme o tolerado.

> ## O que é um Exercício Pliométrico?
>
> Exercício pliométrico é um estilo de exercício projetado para melhorar a potência. Exercícios pliométricos consistem em realizar uma rápida ação (ação excêntrica) seguido de uma contração imediata (movimento concêntrico) do mesmo músculo ou grupo muscular. A fisiologia por trás da pliometria é explicada no Capítulo 8.

Resultados da Avaliação Física e dos Testes Funcionais

Os resultados da avaliação física e dos testes funcionais do cliente ajudará a orientar sua prescrição inicial de exercícios. Por exemplo, se o cliente demonstra baixa capacidade de resistência e desequilíbrios musculares durante os testes de resistência do *core*, o treinamento deve ser orientado para a correção dessas deficiências.

SELEÇÃO DOS EXERCÍCIOS

Usando as informações coletadas até agora, você pode começar a desenvolver o programa do cliente. Obviamente, treinamento de estabilidade do *core* é apenas um componente do programa geral que você deve criar.

Treinamento de Resistência para o Tronco

McGill desenvolveu uma abordagem baseada em evidências para o desenvolvimento de um programa de treinamento para o *core* (2002). De acordo com a estratégia de exercício do *core* de McGill, o primeiro passo deve ser melhorar a capacidade de resistência, especialmente quaisquer desequilíbrios musculares. Relatórios indicaram que indivíduos com baixa capacidade de resistência do tronco, bem como desequilíbrios musculares (razões entre as medições de resistência) têm maior risco de dor nas costas (McGill, 2002; Biering-Sorensen, 1984; Alaranta et al., 1995). A maioria dos clientes com dores lombares têm baixa capacidade de resistência do *core* e desequilíbrios musculares. Além disso, muitos clientes saudáveis e ativos demonstram, com frequência, baixa resistência do *core*. Por exemplo, muitos atletas de resistência descreverão um histórico de dor **intermitente** no quadril ou no joelho. Para esses atletas, baixa estabilidade do *core* pode ter contribuído para uma situação biomecânica que coloca os quadris ou os joelhos sob maior risco de lesão.

Atinge-se resistência muscular realizando um elevado número de repetições, geralmente com cargas baixas. A Figura 5.1 destaca o volume de repetições necessárias para atingir vários objetivos de treinamento (Baechle et al., 2000). Como você pode ver, para aumentar a resistência muscular, um cliente precisa executar 12 ou mais repetições por série.

Para ajudar os clientes a melhorar a resistência dos músculos do torso, você deve fazê-los executar um alto volume de repetições para cada exercício de tronco. Uma variedade de estratégias de resistência são defendidas por

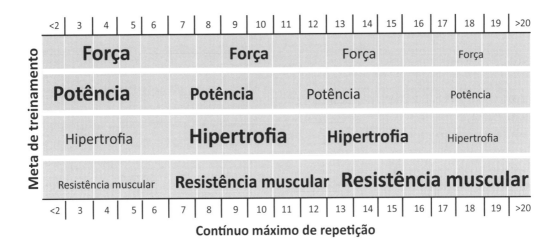

Figura 5.1 Esse contínuo mostra o número de repetições necessárias para atingir várias metas de treinamento. Quando se executa menos repetições, um cliente pode usar uma carga mais pesada.
Reproduzido, com permissão, de NSCA, 2008, *Resistance training*, escrito por T.R. Baechle, R. W. Earle e D. Wathen, *Essentials of strength training and conditioning*, 3. ed., editado por T.R. Baechle e R. W. Earle (Champaign, IL: Human Kinetics), p. 401.

profissionais de medicina esportiva e de treinamento de força. O programa que você desenvolve, por fim, deve ser baseado nas necessidades do indivíduo específico que você está treinando.

> ### Dica de Treinamento
>
> Uma estratégia eficaz de treinamento de resistência é usar a sequência de treinamento piramidal (McGill, 2004). Por exemplo, o exercício de ponte lateral é normalmente indicado por profissionais de treinamento de força para melhorar a capacidade de resistência do tronco de seus clientes. Usando uma sequência de pirâmide nesse exercício, o cliente começaria a sequência realizando cinco repetições (segurando cada repetição durante 10 segundos) da ponte lateral de um lado e imediatamente realizar cinco repetições do lado oposto. Depois de executar cinco repetições de cada lado do corpo, o cliente realizaria quatro repetições (segurando cada uma durante 10 segundos) do exercício de cada lado do corpo. Na última série, o cliente realizaria três repetições do mesmo exercício em cada lado do corpo.
>
> **Exercício de ponte lateral:** O cliente assume uma posição de lado com o antebraço e o cotovelo posicionados sob o ombro. O cliente ergue seu corpo do chão, apoiando-se apenas no antebraço e nos pés. Ver página 64 para instruções completas para este exercício.

Treinamento de Força para o *Core*

Para clientes de pós-reabilitação ou para aqueles que só estão interessados em melhorar sua saúde geral, um programa de resistência para os músculos do *core* irá ajudá-los a atingir seus objetivos. Se um cliente tem mais objetivos, como melhorar o desempenho no trabalho ou no esporte, treinamento de força também deve ser incorporado ao programa. Para desenvolver força muscular, os clientes precisam executar de duas a seis séries de seis ou menos repetições (Figura 5.1) (Baechle et al., 2000).

Treinamento de Flexibilidade para os Músculos do *Core*

Manter ou melhorar a flexibilidade dos músculos do *core* é outro componente importante de um programa de treinamento. Implicações negativas são associadas a uma falta geral de flexibilidade funcional. A falta de flexibilidade pode prejudicar o desempenho funcional de uma pessoa. Por exemplo, se um cliente for incapaz de rotacionar eficazmente por sua região do *core*, ele pode não ser capaz de realizar um balanço de golfe ideal. Músculos tensos também podem interferir na biomecânica de movimento ótimo, estressando excessivamente regiões adjacentes do corpo e, possivelmente, contribuir para lesões.

Para melhorar a flexibilidade dos músculos tensionados, os clientes devem executar exercícios de alongamento regularmente. Exercícios estáticos de alongamento devem ser incluídos ao final ou perto do fim do programa de treinamento de força (veja detalhes no Capítulo 7). Nesse momento, os músculos e tecidos conjuntivos estão aquecidos. Os clientes devem executar duas ou três repetições de cada alongamento, mantendo cada repetição por até 30 segundos. Em geral, você deve pedir que seus clientes realizem exercícios de alongamento para regiões menos flexíveis do corpo diariamente, até que a flexibilidade dessa região tenha sido otimizada.

Treinamento Pliométrico para o *Core*

A maioria dos indivíduos atléticos se beneficiarão da inclusão de exercícios pliométricos em seu programa de treinamento do tronco. Exercícios pliométricos são essenciais para desenvolver a potência explosiva necessária para melhorar o desempenho esportivo. Pesquisas recentes evidenciaram os benefícios funcionais da inclusão de exercícios pliométricos para o tronco no programa de treinamento de um atleta. Por exemplo, a inclusão de exercícios pliométricos relacionados ao tronco para golfistas tem contribuído para melhoras na velocidade da cabeça do taco durante o *swing* e na distância potencial da bola no momento do impacto (Doan et al., 2006; Fletcher e Hartwell, 2004). Exercícios pliométricos também têm sido utilizados para reduzir o risco de lesão de joelhos traumáticos em atletas femininas (Myer et al., 2006; Myer et al., 2008).

Inúmeras variáveis devem ser consideradas ao implementar um programa de treinamento pliométrico. O Capítulo 9 fornece detalhes sobre cada componente do desenvolvimento do programa.

PRINCÍPIOS DE PERIODIZAÇÃO

Periodização é uma estratégia para o desenvolvimento de programas que ajuda a preparar um atleta de competição para que ele atinja seu desempenho máximo (Wathen et al., 2000). Essa estratégia envolve manipular deliberadamente a frequência, a intensidade e a duração do treinamento a fim de (1) preparar atletas para competições (pré-temporada), (2) ajudá-los a manter seu condicionamento durante uma temporada longa e (3) permitir que diminuam gradualmente seu treinamento fora da temporada. Um programa de treinamento de força periodizado é dividido em ciclos: macrociclos, mesociclos e microciclos. Um macrociclo abrange todo período de treinamento de um atleta. Para a maioria deles, o macrociclo ocorre durante o período de um ano. Mas para alguns atletas, como os atletas olímpicos, macrociclos podem se estender ao longo de vários anos. Um macrociclo é dividido em vários mesociclos. Um mesociclo é executado durante períodos que vão de várias semanas a alguns meses. Finalmente, cada mesociclo é dividido em microciclos. O período de tempo para um microciclo é de uma a quatro semanas. A duração exata dos mesociclos e dos microciclos dependerá das necessidades de treinamento do esporte praticado pelo indivíduo. Periodização é um conceito complexo que requer estudos em conjunto e prática para dominar

sua aplicação. Para efeitos do treinamento de tronco, o profissional de *fitness* deve considerar como exercícios de estabilidade do tronco podem ser incorporados em cada uma das fases de periodização.

Um programa de treinamento periodizado pode ser classificado pela temporada esportiva. Essas classificações incluem a não temporada, a pré-temporada, temporada e pós-temporada. Em cada temporada, ocorrem fases de treinamento específicas, exigindo manipulação cuidadosa das variáveis de treinamento.

O período preparatório (que ocorre fora da temporada) é o tempo em que um atleta não tem nenhuma competição programada. O período preparatório é dividido em três fases: a fase de hipertrofia-resistência, a fase de força básica e a fase de força-potência (Tabela 5.1) (Wathen et al., 2000).

A fase de hipertrofia-resistência ocorre durante as primeiras semanas (1 a 6 semanas) do período preparatório (Wathen et al., 2000). Nessa fase, o objetivo é que o atleta desenvolva capacidade de resistência muscular, preparando-se para o treinamento intenso que fará mais tarde. Isso é alcançado pela realização de um treinamento de alto volume e de baixa intensidade (Figura 5.1). Uma estratégia adequada nessa fase seria construir a capacidade de resistência do *core* do atleta com exercícios como pontes laterais, abdominais e o elevação de braço e perna opostos (Tabela 5.2). Em vez de realizar exercícios que imitam padrões de movimento funcional (por exemplo, agachamentos e avanços) durante essa fase, o atleta pode realizar exercícios de *leg press* no aparelho ou utilizar outros aparelhos de fortalecimento para a perna e o quadril, de maneira a aumentar a força de sua extremidade inferior. Quase no final desta fase (semanas 5 e 6), o atleta poderia começar a usar o pliometria de baixa intensidade para o tronco e as extremidades inferiores. O atleta não deve executar mais de 30 contatos com os pés (para um exercício para extremidade inferior de saltos ou pulos) ou 30 lançamentos (por exemplo, lançamentos com as duas mãos para alguém que lhe joge a bola de volta) por sessão durante essa fase do treinamento.

A fase de força básica é projetada para aumentar a força muscular de um atleta (Wathen et al., 2000). Durante essa fase, o atleta pode começar a executar exercícios com pesos livres como agachamentos e avanços (exercícios funcionalmente semelhantes a atividades esportivas) usando as variáveis de intensidade e de volume apresentadas na Tabela 5.1. As Tabelas 5.3a e 5.3b apresentam um exemplo de modelo de periodização de 3 dias que destaca as variáveis de treinamento para esta fase (para as semanas 4 a 6, o atleta continuaria com o programa anterior e adicionaria os exercícios listados na Tabela 5.3b). Exercícios como

Tabela 5.1 Um modelo de periodização para treinamento de resistência

Período	Preparação → Primeira transição			Competição		
	Hipertrofia e resistência	Força básica	Força/ potência	Alcance de ponto máximo	Ou Manutenção	Segunda transição (teste ativo)
Intensidade	Baixa a moderada	Alta	Alta	Muito alta	Moderada	Atividade recreativa (pode não incluir treinamento de resistência)
	50%-75% 1 RM	80%-90% 1 RM	87%-95% 1 RM 75%-90% 1 RM	≥ 93% 1 RM	≅ 80%-85% 1 RM	
Volume	Alto a moderado	Moderado	Baixo	Muito baixo	Moderado	
	3-6 séries	3-5- séries	3-5 séries	1-3 séries	≅ 2-3 séries	
	10-20 repetições	4-8 repetições	2-5 repetições	1-3 repetições	≅ 6-8 repetições	

Reproduzido, com permissão, de NSCA, 2008, Resistance training, escrito por T.R. Baechle e R. W. Earle e D. Wathen. Em *Essentials of strength training and conditioning*, 3. ed., editado por T.R. Baechle e R. W. Earle (Champaign, IL: Human Kinetics), p. 511.

Tabela 5.2 Amostra de exercícios de tronco realizados durante a fase de hipertrofia-resistência

Exercício	Volume
Prancha lateral (de cada lado)	3 séries de cada lado X sustentações de 10 segundos
Prancha frontal com extensões de quadril	3 séries X 10-20 repetições executadas bilateralmente
Abdominais	2-3 séries X 10-20 repetições

agachamentos, avanços e *pulley* costas estariam sujeitos a este modelo (Tabela 5.3a e 5.3 c). Para essa fase, você deve escolher exercícios de *core* das categorias intermediárias e avançadas (ver Capítulo 6). Por exemplo, um programa para um golfista poderia incluir o avanço com giro, o giro romano e o giro russo. O atleta pode também avançar para exercícios pliométricos de intensidade moderada durante essa fase.

A fase de força e potência é a fase final do período preparatório. Essa fase muitas vezes coincide com a pré--temporada do atleta (até o primeiro evento ou jogo). Os objetivos do atleta durante essa fase são continuar a aumentar sua força e desenvolver potência. Exercícios pliometricos devem ser projetados para replicar o desempenho esportivo. Exercícios de potência (exercícios com corpo inteiro executados rapidamente), como o *push press*, seriam adicionados durante essa fase (Wathen et al., 2000). Nessa fase, o atleta também deve continuar a realizar exercícios de tronco que repliquem movimentos específicos do esporte.

Entre cada uma das fases preparatórias, o atleta deve ter um período de recuperação de uma semana com treinamento de baixa intensidade e de baixo volume (Wathen et al., 2000). Durante esse tempo, o atleta deve executar

Tabela 5.3a Exemplo de exercícios de tronco realizados durante a fase de força básica: semanas 1 a 3 (segunda--feira, quarta-feira, sexta-feira)

Exercício	Volume
Pulley costas	Ver Tabela 5.1.
Agachamento	Ver Tabela 5.1.
Avanço	Ver Tabela 5.1.
Prancha lateral (de cada lado)	3 séries de cada lado X 30 repetições
Prancha frontal com extensões de quadril	3 séries X 30 repetições executadas bilateralmente
Abdominais	30+

Consulte o Capítulo 6 para descrição de cada exercício.

Tabela 5.3b Exemplo de exercícios de *core* realizados durante a fase de força básica: semanas 4 a 6 (segunda--feira, quarta-feira, sexta-feira)

Exercício	Volume
Avanço	Ver Tabela 5.1.
Cable chop	30 repetições de cada lado
Remada de um braço com rotação	30 repetições de cada lado

Consulte o Capítulo 6 para descrição de cada exercício.

apenas dois ou três exercícios básicos para o *core* (2 ou 3 séries, mantendo a posição por 10 segundos).

O período de competição (treinamento durante a temporada) segue o período preparatório. Durante esse período, o objetivo é que o atleta atinja o topo de seu desempenho — além de preservar sua força e potência (Tabela 5.1) — ao longo de alguns eventos ou de uma

Tabela 5.3c Exemplo de modelo periodizado de 3 dias para a fase de força básica

Semana	Séries	Período de descanso (min)	Repetições	Segunda-feira 100% da carga de treinamento designada	Quarta-feira 80% da carga de treinamento designada	Sexta-feira 90% da carga de treinamento designada	Componentes Adicionais T = Terça-feira Q = Quinta-feira
1	3	3	8	80% 1 RM	65% 1 RM	75% 1 RM	Resistência: T,Q
2	3	3	6	80% 1 RM	67% 1 RM	77% 1 RM	Resistência: T,Q
3	4	3	6	85% 1 RM	70% 1 RM	80% 1 RM	Resistência: T,Q
4	4	3	6	85% 1 RM	75% 1 RM	83% 1 RM	Resistência: T,Q
5	5	3	5	90% 1 RM e sequência pliométrica para a parte inferior do corpo	70% 1 RM	85% 1 RM e sequência pliométrica para a parte superior do corpo	Resistência: T,Q
6	5	3	5	90% 1 RM e sequência pliométrica para a parte inferior do corpo	75% 1 RM	87% 1 RM e sequência pliométrica para a parte superior do corpo	Corrida e *core*, 3 a 5 dias por semana

temporada inteira. Os volumes de treinamento podem ser mantidos em um nível de baixo a moderado (2 ou 3 séries de 6 a 8 repetições) e as intensidades de treinamento não devem ultrapassar o nível moderado (80% a 85% de uma 1 repetição ao máximo [1 RM]) (Wathen et al., 2000). Outros defendem um período de competição mais intenso, com intensidades de treinamento superiores a 90% de 1 RM do atleta; isso implicaria um baixo volume de treinamento (de 1 a 3 séries) para uma pequena quantidade de repetições (1 a 3). Exercícios de potência, como o *push press* e o arranque/arremesso, seriam realizados durante essa fase. Exercícios para o tronco prescritos durante essa fase devem incluir padrões de movimento funcional (por exemplo, avanço com rotação de bola) e pliometria de intensidade moderada a alta (por exemplo, *sit-up* com *medicine ball*).

Ao final do período de competição ou temporada de esporte do atleta, tem início o segundo período de transição. Esse período de transição se estende até o início do período preparatório seguinte. Durante esse período de treinamento, o atleta pode realizar exercícios de baixa intensidade e de baixo volume (Wathen et al., 2000). O atleta deve realizar exercícios básicos de resistência de tronco durante esse período.

TREINAMENTO DE EQUILÍBRIO E DE ESTABILIDADE

Ter equilíbrio significa que uma pessoa mantém seu centro de massa acima de sua base de apoio. Treinamento de equilíbrio tem aplicações, variando desde a reabilitação (por exemplo, melhorar a propriocepção após uma torção de tornozelo) até a prevenção de lesões (por exemplo, programas

de redução de queda). Treinamento de equilíbrio não deve ser confundido com treinamento de estabilidade. Treinamento de estabilidade (ou treinamento de estabilidade de *core*) utiliza exercícios que melhoram o funcionamento do tronco para estabilizar (ou proteger) a coluna vertebral de forças potencialmente prejudiciais. Ao prescrever certos exercícios de treinamento de equilíbrio, você pode conseguir incorporar a estabilização do *core* se é executada uma técnica de contração abdominal (McGill, 2004).

RESUMO

Após coletar informações na entrevista, realizar uma análise de necessidades e aplicar a avaliação física, você está pronto para desenvolver o programa de treinamento individualizado do cliente.

Treinamento de resistência muscular é, muitas vezes, o objetivo principal dos clientes. Para a maioria dos clientes de *fitness* e de reabilitação, um programa de treinamento de *core* que enfatiza a resistência muscular irá satisfazer suas necessidades funcionais. O programa de treinamento de tronco deve abranger os músculos do *core* e dos quadris.

Protocolos de treinamento de força devem ser adicionados aos programas de treinamento de *core* para atletas tradicionais e industriais. Programas de treinamento de *core* para esses indivíduos inicialmente devem incluir exercícios básicos de resistência de tronco para resolver quaisquer desequilíbrios musculares potenciais, seguidos pela adição de exercícios de resistência e fortalecimento do tronco de intensidade moderada a alta. Para atletas de competição, desenvolver um programa de treinamento periodizado durante o ano inteiro ajudará a maximizar o desempenho esportivo.

6
Exercícios para o Core

Uma vez que você concluiu os testes funcionais e realizou uma análise das necessidades de seu cliente, você está pronto para começar a seleção de exercícios para o programa de treinamento. Este Capítulo apresenta os exercícios de *core* que melhorarão a capacidade de resistência muscular de seu cliente e a força do *core*. Mais adiante neste livro, você aprenderá a integrar os conceitos de anatomia funcional, avaliação do cliente e desenvolvimento de programa a fim de melhorar a sua capacidade de prescrever programas de exercícios para o *core* seguros e eficazes. O Capítulo 9 apresentará vários exemplos de programas de treinamento que ilustram o treinamento de estabilidade de *core* em ação.

MELHORANDO A RESISTÊNCIA E A FORÇA DO *CORE*

Exercícios de *core* melhoram a habilidade do corpo de minimizar forças ou cargas aplicadas à coluna vertebral. A maioria dos indivíduos — sejam eles pacientes, clientes saudáveis ou atletas — serão beneficiadas pelas adição de exercícios para o *core* a seu programa de treinamento geral. Os exercícios apresentados nesta seção melhorarão a capacidade de seus clientes em estabilizar seu tronco.

Os exercícios deste Capítulo foram classificados em três categorias baseadas em seu grau de dificuldade: básico, intermediário e avançado. Os resultados obtidos a partir da avaliação física do cliente estabelecerão o ponto de partida para uma prescrição de exercícios adequada. A maioria dos pacientes de reabilitação e dos clientes não treinados deve começar com exercícios básicos para o *core*. No entanto, alguns de seus clientes podem conseguir executar com segurança uma mistura de exercícios básicos e intermediários. Um programa de treinamento de tronco com exercícios intermediários irá satisfazer as necessidades funcionais da maioria dos clientes de *fitness* e dos pacientes pós-reabilitação. Exercícios avançados para o *core* normalmente são reservados para o programa de treinamento de um atleta.

Antes que um cliente execute quaisquer exercícios de *core*, você deve lhe dar informações básicas discutindo a anatomia funcional do *core* e a importância funcional de exercícios para essa região. Nesse momento você também deve instruir o cliente sobre como executar a contração abdominal. A contração abdominal é o ponto de partida de todos os exercícios do tronco, portanto, certifique-se de que seus clientes conseguem executar corretamente esse componente crucial. Educar seus clientes sobre os princípios de treinamento do *core* também pede o comprometimento deles com seu programa de exercícios.

A **contração abdominal** envolve uma contração isométrica da musculatura da parede abdominal (sem nenhum movimento da parede abdominal, tanto para dentro como para fora) junto com uma contração da musculatura lombar (McGill, 2002). Para cada um dos exercícios discutidos neste Capítulo, seu cliente deve iniciar uma contração abdominal antes de executar o movimento. Duas técnicas de instrução são recomendadas para ensinar os clientes a realizar a contração abdominal (McGill, 2002, 2004).

A primeira técnica requer que o cliente participe ativamente enquanto você fornece a instrução (McGill, 2002, 2004). O cliente deve ficar de pé. Peça para o cliente flexionar ligeiramente a coluna lombar (curvar-se para frente) enquanto palpa (toca) simultaneamente seus extensores lombares. Em seguida, instrua o cliente a realizar a extensão, continuando a palpar os músculos lombares. Uma vez que o cliente chega a uma postura em que sente que seus músculos já não estão contraídos (ou sente que eles estão relaxados), instrua o cliente a manter essa posição. Em seguida, peça para o cliente executar a contração abdominal nesta posição. Uma vez que um cliente consegue realizar a contração abdominal com esse método, ele deve conseguir executar contração abdominal em qualquer posição. Veja o *DVD* para uma demonstração dessa técnica.

Outra maneira de ensinar a um cliente a técnica de contração abdominal envolve você e o cliente realizando uma cocontração de uma musculatura situada nas extremidades corporais (McGill, 2002, 2004). Por exemplo, no joelho, você pode demonstrar uma cocontração do quadríceps e dos tendões. Pedir que o cliente palpe (sinta) seus músculos antes e durante a sua cocontração ilustrará a técnica. Em seguida, peça para o cliente executar uma cocontração similar dos músculos dos membros inferiores. Repita essa técnica até que você determine que o cliente é capaz de demonstrar uma cocontração em qualquer junta periférica (grupamento muscular). Por fim, peça ao cliente para tentar realizar a cocontração da parede abdominal usando a técnica em pé descrita anteriormente.

Exercícios Básicos de Resistência do Core

Exercícios básicos podem servir como ponto de partida para todas as sequências de treinamento do *core*. Mas não se deixe enganar por sua classificação como "básico". Esses exercícios serão desafiadores para muitos de seus clientes. Para alguns, uma sequência de exercícios básicos atenderá as necessidades específicas de condicionamento ou a seus objetivos de pós-reabilitação. Para outros, uma vez que demonstraram a capacidade de executar com êxito uma sequência de exercícios básicos para o *core*, é preciso avançar para um programa intermediário.

Série Básica em Quatro Apoios

Os exercícios de estabilização do tronco executados em uma posição de **quatro apoios** são excelentes para treinar os extensores da coluna e os glúteos.

Encontrando a Coluna Neutra em Quatro Apoios

Posição inicial: Posição de quatro apoios.
Movimento: Primeiro, o cliente arredonda suas costas em direção ao teto (a posição de "gato" ou inclinação pélvica posterior). Em seguida, invertendo a posição, ele permite que sua pélvis gire em direção ao solo (a posição "camelo" ou inclinação pélvica anterior). A posição neutra da coluna é considerada o ponto médio entre esses dois extremos de movimento pélvico. Uma vez que o cliente encontrou sua postura neutra da coluna, peça para ele realizar a contração abdominal isométrica.
Erros técnicos comuns: Na posição de quatro apoios, muitos clientes suportam o peso de seu corpo principalmente nos

joelhos. Para ajudar os clientes a melhorar sua distribuição de peso, você deve assinalar verbal e/ou manualmente para ele que é necessário distribuir o peso igualmente entre todos os quatro "pés" da "mesa". Essa distribuição igual do peso é vital para prevenir a compensação com a coluna lombar quando o cliente realiza exercícios intermediários ou avançados.

Considerações para clientes de reabilitação: Os clientes devem dominar este exercício antes de avançar para exercícios em quatro apoios básicos e intermediários. Para alguns pacientes, seu programa inicial de exercícios para casa pode consistir somente em executar 10 repetições deste exercício (segurando cada contração abdominal por até 10 segundos) 3 vezes ao dia.

Considerações para clientes de *fitness*: Esses clientes devem avançar rapidamente desta posição para outros exercícios em quatro apoios básicos ou intermediários que sejam mais desafiadores.

Exercício seguinte na progressão: Posição de quatro apoios com elevação de braço ou extensão de perna.

Posição de Quatro Apoios com Elevação de Braço

Posição inicial: Posição de quatro apoios.
Movimento: O cliente realiza a contração abdominal e eleva um braço na mesma altura da orelha. O cliente mantém esta posição durante 5 a 10 segundos, retorna para a posição inicial e repete o movimento, alternando os lados.
Considerações para clientes de reabilitação e de *fitness*: Este exercício é adequado para pacientes de reabilitação ou clientes sem condicionamento físico. A maioria dominará rapidamente este exercício e pode avançar de acordo com suas habilidades.
Exercício seguinte na progressão: Posição de quatro apoios com extensão de perna ou o exercício de elevação de braço e perna opostos.

Posição de Quatro Apoio com Extensão de Perna

Pré-requisitos: Para este exercício, o cliente deve ter força significativa no glúteo máximo e deve ter a capacidade de estabilizar a coluna na pélvis. O glúteo máximo é o principal extensor do quadril usado nesta posição. Força glútea é funcionalmente importante tanto para tarefas relacionadas ao trabalho (elevações, agachamentos) como para atividades esportivas. Se o cliente tiver dificuldades para executar a parte de extensão da perna deste exercício, você pode precisar prescrever exercícios que treinam o glúteo máximo isoladamente (por exemplo, extensão do quadril pronada ou ponte).
Posição inicial: Posição de quatro apoios com uma postura de coluna neutra.
Movimento: O cliente realiza a contração abdominal. Em seguida, o cliente eleva o joelho do chão, contraindo o glúteo máximo e estendendo o joelho para trás. O objetivo é que o cliente consiga manter a coxa alinhada ao tronco, mantendo a coluna neutra.
Erros comuns:
1. O cliente não estende o joelho totalmente. Para corrigir esse erro, instrua-o a elevar a perna para trás o máximo que puder, mantendo a técnica adequada.
2. O cliente compensa usando outros músculos para ajudar na extensão. Por exemplo, um indivíduo pode compensar abaixando um dos lados e rotacionando o quadril para ajudar a atingir a extensão máxima da perna. Corrija esse erro de técnica estabilizando manualmente o quadril na posição adequada conforme o cliente levanta a perna.

Considerações para clientes de reabilitação e de *fitness*: Assinale para o cliente, se necessário, que ele deve distribuir seu peso igualmente em cada extremidade antes de iniciar a extensão do joelho. Se o peso do cliente está desigualmente distribuído entre as pernas, o cliente transferirá seu peso para a perna de apoio para elevar a outra.

Exercício seguinte na progressão: Elevação de braço e perna opostos em posição de quatro apoios.

Exercícios Básicos para Fortalecer os Glúteos

Extensão do Quadril em Decúbito Ventral

Posição inicial: De bruços com as duas pernas estendidas.

Movimento: O cliente flexiona os dois joelhos a 90°. Em seguida, contrai o glúteo máximo e eleva o pé em direção ao teto estendendo o quadril.

Erros comuns: O cliente compensa estendendo a coluna lombar.

Considerações para clientes de reabilitação: Este exercício pode causar dor em pacientes com irritação das facetas articulares ou doença degenerativa das articulações na coluna lombar.

Considerações para clientes de *fitness*: Para fortalecer o glúteo máximo, o cliente deve executar 2 ou 3 séries de cada lado com 15 a 20 repetições.

Exercício seguinte na progressão: Exercícios de ponte, elevação de braço e perna opostos em quatro apoios.

Ponte

Posição inicial: Em decúbito dorsal com os quadris flexionados a 45° e os joelhos flexionados a 90°. Os pés devem estar distribuídos sobre o solo e afastados na linha dos ombros.

Movimento: O cliente contrai os glúteos e eleva (faz uma ponte) os quadris em direção ao teto. Os quadris devem subir até o ponto em que as coxas, o quadril e as costas estão em uma linha reta (evitando hiperextensão na coluna).

Erros comuns:
1. O cliente arqueia as costas hiperestendendo pela coluna lombar. Isso, muitas vezes, é resultado de uma falta de controle proprioceptivo. Tente corrigir esse erro de técnica advertindo o cliente verbalmente. Se o cliente continuar a hiperestender pela coluna lombar, ele pode exigir mais treinamento com a extensão de quadril de bruços e com exercícios de extensão de perna na posição com quatro apois.
2. Alguns clientes podem iniciar o movimento de ponte contraindo seus posteriores da coxa. Os posteriores da coxa, conhecidos por seu papel importante como flexores do joelho, também ajudam na extensão do quadril. Quando os quadris estão fracos ou instáveis, os clientes compensarão contraindo os posteriores primeiro. Para ajudar a corrigir este erro, conforme o cliente executa a ponte, você pode palpar os posteriores enquanto pede para ele contrair os glúteos. O cliente pode se beneficiar de maior fortalecimento na extensão do quadril com o exercício de extensão de quadril em decúbito dorsal e com exercícios de extensão de perna na posição de quatro apoios.

Exercício seguinte na progressão: Exercícios de ponte intermediária (p. 66).

Ostra

O exercício de ostra facilita a ativação do glúteo médio (McGill, 2004).
Posição inicial: Deitado de lado, com o quadril ligeiramente flexionado e os joelhos flexionados para cerca de 90°.
Movimento: O cliente abduz o quadril afastando os joelhos e contraindo os músculos do quadril. Este exercício imita a abertura de uma concha. O movimento deve ser isolado para que o quadril rotacione externamente.
Erros comuns: Para abduzir o quadril, os clientes poderão compensar com instabilidade ou rotacionando a pélvis. Peça para esses clientes evitarem o rolar ou rotacionar o *core* ou a pélvis ao abduzir o quadril. Você também pode estabilizar a pélvis e a lombar com suas mãos. Isso pode ajudar os clientes a limitarem seu movimento de rotação lateral do quadril.

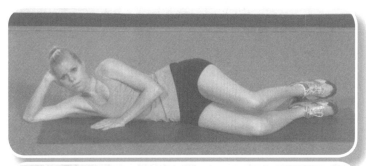

Considerações para clientes de reabilitação e de *fitness*: Quando o cliente conseguir executar corretamente o exercício de ostra com rotação externa do quadril, ele deve avançar para a próxima série de exercícios.
Exercício seguinte na progressão: Elevação de perna estendida em decúbito lateral.

Elevação de Perna Estendida em Decúbito Lateral

Posição inicial: Em decúbito lateral, com as duas pernas estendidas.
Movimento: O cliente abduz o quadril. Esta etapa deve ser ligeiramente rotacionada para fora (10° a 20°). O cliente deve elevar a perna tanto quanto possível; o movimento ocorre na articulação do quadril e a coluna é mantida em posição neutra.
Erros comuns:
1. O cliente ativa os flexores do quadril para compensar fraqueza nos abdutores.
2. O cliente abduz o quadril enquanto a perna é rotacionada internamente.

A fim de ajudar a corrigir esses erros, peça para o cliente assumir a posição inicial com um calcanhar apoiado contra a parede. O cliente deve abduzir o quadril mantendo o pé contra a parede durante todo o movimento do exercício. Esta técnica ajuda-o a desenvolver a estratégia apropriada para o controle motor.

Exercícios Básicos em Pé

Pulley com Cotovelos Estendidos

Posição inicial: Em pé de frente para o aparelho. Os dois ombros estão flexionados a 90° e o cliente está segurando a barra por cima. As escápulas (omoplatas) devem estar aduzidas e em depleção.
Movimento: O cliente puxa a barra em direção às pernas, mantém a posição durante 1 ou 2 segundos e então, lentamente, retorna a barra à posição inicial.
Erros comuns: Clientes de reabilitação ou de *fitness* podem ser incapazes de manter uma postura de coluna neutra durante todo o movimento. Para corrigir esse erro, reduza a carga para permitir que o cliente execute o exercício com a coluna neutra.

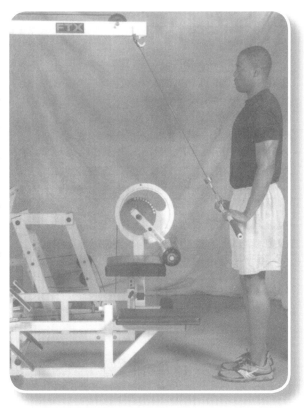

Apoio na Parede

O apoio na parede (também conhecido como exercício de ponte lateral em pé) é um exercício preparatório para a progressão da ponte lateral. *Nem todos os seus clientes precisarão executar este exercício.* Este exercício é ideal para clientes idosos (que podem ter dificuldade em se elevar do solo) ou indivíduos que estão em processo de reabilitação de uma lesão lombar ou de cirurgia na coluna. Para alguns clientes, como clientes idosos ou que não têm condicionamento, apoio na parede pode ser o principal exercício para treinar o quadrado lombar, os oblíquos e o transverso abdominal (McGill, 2002).
Posição inicial: Em pé com o braço ao nível do ombro (abduzido) e o antebraço apoiado contra a parede. O cliente se inclina contra a parede, sustentando o corpo.
Movimento: O cliente mantém esta posição por até 10 segundos (2 ou 3 séries de cada lado).
Exercício seguinte na progressão: Passos para o lado com cabo ou a ponte lateral.

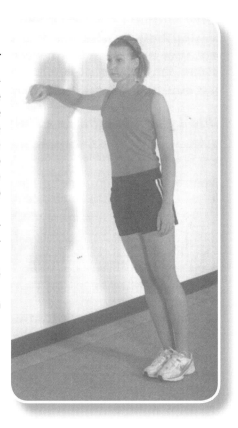

Passos para o Lado com Cabo

Se um cliente acha o apoio na parede muito fácil, mas não consegue ficar deitado de lado no solo, passos para o lado com cabo são uma boa opção.
Posição inicial: Em pé, segurando o cabo ou faixa de exercício em frente ao abdômen.
Movimento: O cliente dá cinco passos para o lado, afastando-se do aparelho e mantém essa posição durante 5 a 10 segundos. Em seguida, dá cinco passos para o lado de volta à posição inicial.
Variação: Se um aparelho de cabo não está disponível, um elástico de resistência pode ser usado para um nível de resistência adequado.

Exercícios Básicos Adicionais

Abdominal

O abdominal e suas muitas variações podem ser usados para treinar os músculos do abdômen, especificamente o músculo reto abdominal. Ao aprender o abdominal, o cliente deve ser supervisionado de perto. Os clientes frequentemente cometem diversos erros de técnica quando executam o abdominal.
Posição inicial: Em decúbito dorsal com os joelhos e os quadris flexionados.
Movimento: O cliente executa o abdominal contraindo o músculo reto abdominal enquanto realiza flexão da coluna. Os braços do cliente podem ficar ao lado do corpo, sobre o peito ou ao lado da cabeça.
Erros comuns:
1. O cliente coloca as mãos atrás da cabeça. Embora alguns clientes possam conseguir colocar ambas as mãos atrás da cabeça para apoiá-la, outros podem inadvertidamente aplicar uma força potencialmente prejudicial à cabeça (McGill, 2002). Assim, você deve evitar instruir aos clientes que coloquem as mãos atrás da cabeça.
2. O cliente não mantém a cabeça e o pescoço alinhados com a parte superior do corpo.
3. O cliente se eleva demais no abdominal. Um cliente com um reto abdominal fraco pode tentar usar os flexores do quadril. Você deve intruir o cliente a evitar se elevar demais, limitando sua ascensão apenas às escápulas.

Dica importante: O abdominal curto com pouca flexão é preferível. Altos graus de flexão aumenta a flexão lombar, que pode provocar sintomas em um indivíduo que tem um histórico de lesão de disco.
Exercício seguinte na progressão: Exercícios intermediários para o músculo reto abdominal (p. 67, 71).

Ponte/Prancha Lateral (Iniciante)

Posição inicial: Para a versão básica (ou iniciante) deste exercício, o cliente se deita de lado com seu apoiado sobre o antebraço, o quadril e a coxa, com os joelhos flexionados.

Movimento: O cliente executa uma contração abdominal, elevando seu quadril e sua coxa da mesa ou do solo. Na posição final, o antebraço, o joelho e a perna devem suportar o peso do corpo. O cliente deve manter essa postura por até 10 segundos de cada lado no número desejado de repetições.

Considerações para clientes de reabilitação e de *fitness*: A versão básica (iniciante) da ponte/prancha lateral é uma opção valiosa de treinamento para clientes de reabilitação, bem como para clientes que não têm condicionamento geral. Este exercício é ideal para facilitar o fortalecimento dos oblíquos, do transverso abdominal e do quadrado lombar.

Exercício seguinte na progressão: Para progredir desta posição de iniciante para o exercício intermediário, o cliente deve estender gradualmente suas pernas (p. 66).

Prancha Frontal (Posição Básica Com ou Sem Apoio nos Joelhos)

Posição inicial: Em decúbito frontal, com o corpo apoiado pelos antebraços e os dedos dos pés. O tronco, o quadril e as pernas devem estar alinhados. Se um cliente tem dificuldade em assumir esta posição, ele pode se apoiar nos joelhos.

Movimento: O cliente mantém esta posição durante 10 segundos e, em seguida, relaxa. O cliente realizada o movimento o número desejado de repetições.

Exercício seguinte na progressão: Prancha frontal com extensão de braço ou de perna (p. 67).

Ponte com elevação de perna

Posição inicial: Em decúbito dorsal com um pé apoiado no solo e o joelho oposto em totalmente estendido. O quadril é flexionado em aproximadamente 60 graus.

Movimento: O cliente contrai os músculos da coxa e, então, eleva a perna a 15 a 20 centímetros do solo, mantendo esta posição por até 5 segundos. O cliente repete o movimento o número desejado de vezes. Este exercício fortalece os músculos anteriores do quadril.

Exercícios Intermediários de Resistência de Core

Elevação de Braço e Perna Opostos em Quatro Apoios

A elevação de braço e perna opostos em quatro apoios é um exercício frequentemente prescrito por treinadores de força e especialistas em reabilitação. Para este exercício intermediário, o cliente deve ter a capacidade de coordenar a elevação do braço e da perna opostos, mantendo a coluna neutra.

Posição inicial: Posição em quatro apoios com a coluna neutra. O cliente deve estar realizando uma contração abdominal.

Movimento: O cliente eleva um braço e a perna oposta simultaneamente. Ele mantém a posição durante 5 a 10 segundos. Repetições devem ser realizadas dos dois lados.

Erros comuns:
Os clientes novatos raramente conseguirão executar este exercício corretamente. Para os seus clientes serem bem-sucedidos neste exercício, você talvez precise completar o programa de treinamento deles com vários exercícios básicos de *core*, a fim de isolar a musculatura fraca (Quadro 6.1).

Quadro 6.1 Padrões de fraqueza muscular que afetam o exercício de elevação de braço e perna opostos

Músculo ou grupo muscular	Padrão de movimento disfuncional	Exercício corretivo
Eretor da coluna	Não consegue travar a coluna na pélvis (observe o cliente se curvando para o lado, rotacionando ou arqueando o tronco)	*Pulley* com braço estendido, prancha frontal
Glúteo máximo	Não consegue estender o quadril completamente	Extensão pronada de quadril, ponte
Glúteos médio e mínimo	Não consegue estender o quadril completamente	Ostra, elevação de perna estendida deitado de lado
Reto abdominal	Não consegue travar a coluna na pélvis	Pranchas frontais, elevação de perna estendida

Exercício da Ponte Lateral (ou Prancha Lateral)

A ponte lateral (também conhecida como prancha lateral) é o exercício seguinte após o cliente dominar a posição da ponte lateral básica (ou iniciante).

Posição inicial: Deitado de lado com o antebraço e o cotovelo posicionados sob o ombro. Os pés podem ser posicionados um em frente ao outro ou um em cima do outro.

Movimento: O cliente eleva seu corpo do

solo, apoiando-se apenas em seu antebraço e seus pés. Ele pode descansar seu braço de cima em seu corpo.

Erros comuns: O movimento do o cliente inclui rotações de tronco sutis ou o cliente é incapaz de manter o quadril em posição neutra. Observe o cliente para garantir que a cabeça, o tronco e as pernas estejam alinhados.

Exercício seguinte na progressão: Ponte lateral com abdução de quadril (p. 76).

Ponte com Marcha

Posição inicial: Em decúbito dorsal com os joelhos e quadris flexionados.

Movimento: O cliente executa uma ponte. Quando os joelhos estão flexionados, o cliente "marcha", flexionando ligeiramente um segmento do quadril, mantém a posição durante 5 a 10 segundos e abaixa a perna para retornar à posição inicial. O cliente deve alternar os lados o número desejado de repetições.

Ponte com Extensão de Perna

Posição inicial: Em decúbito dorsal com joelhos e quadris em flexão.

Movimento: O cliente executa a ponte. Com os quadris elevados, o cliente estende um joelho, mantendo uma linha reta do ombro até o tornozelo. O cliente mantém a posição durante 5 a 10 segundos. O cliente deve alternar os lados para realizar número desejado de repetições.

Prancha Frontal

Posição inicial: Apoiando o corpo nos antebraços e nos pés, mantendo o *core* alinhado.
Movimento: O cliente mantém esta posição durante 10 segundos. O cliente deve repetir isso o número desejado de vezes.
Dicas importantes: Monitore o alinhamento do cliente durante o movimento do exercício.
Erros comuns: O cliente não consegue manter o alinhamento adequado — ele flexiona os quadris ou eleva os glúteos em direção ao teto.
Exercício seguinte na progressão: Prancha frontal com extensão de braço ou perna.

Prancha Frontal com Extensão de Braço ou de Perna

Posição inicial: A mesma da prancha frontal.
Movimento: A partir da posição de prancha frontal, o cliente eleva um braço ou uma perna. O cliente mantém essa posição durante 5 a 10 segundos e, em seguida, repete do lado oposto.
Considerações para clientes de *fitness*: Este é um exercício excelente para atletas de resistência. Realizar várias séries de muitas repetições da prancha frontal com extensão de perna melhorará a resistência do *core*, além de reforçar os extensores do quadril.

Prancha Frontal com Elevação de Braço e Perna Opostos

Posição inicial: A mesma da prancha frontal.
Movimento: O cliente eleva simultaneamente um braço e a perna oposta, mantendo essa posição durante 5 a 10 segundos. Ele deve realizar várias repetições de cada lado.

O Papel das Medicine balls *e* Physioballs *(Bola Suíça) em Treinamentos de Resistência de* Core

Medicine balls e *Physioballs (bola suíça)* podem ser incorporadas a um programa dinâmico de estabilidade do *core* usando treinos em duplas e exercícios pliométricos (Capítulo 8). A vantagem de usar *medicine balls* ou *Physioballs* (bola suíça) é que elas permitem que uma pessoa treine os músculos do *core* em padrões de movimento específicos que não podem ser executados com pesos livres e aparelhos tradicionais. No entanto, esse equipamento deve ser usado criteriosamente. Os objetivos e os resultados da avaliação do cliente devem ser usados para determinar se as *medicine balls* ou *Physioballs* (bola suíça) são adequadas para o programa do cliente. Um cliente sedentário de 55 anos de idade precisa mesmo executar lançamentos pliométricos de *medicine balls*? Qual é o benefício funcional do exercício para um contador sedentário de 35 anos?

Obviamente, uma desvantagem é que o cliente deve ter acesso a uma *Physioball (bola suíça)*, uma *medicine ball*, um *step* e um parceiro! Como muitos dos exercícios a seguir exigem o uso de equipamentos ou de um parceiro, eles devem ser usados principalmente para complementar o programa de exercícios de *core* de seu cliente.

Rotação de Tronco em Pé

Posição inicial: O cliente e seu parceiro ficam em pé de costas um para o outro com seus corpos separados pela distância de seus braços.

Movimento: O cliente inicia o movimento girando para o lado direito, enquanto segura a *medicine ball* na altura da cintura. O parceiro recebe a bola, rotacionando em direção a seu lado esquerdo. O exercício continua conforme a parceiro muda de direção. Esta sequência é repetida dos dois lados com o número desejado de vezes.

Rotações de Tronco Alto-Baixo em Pé

Posição inicial: O cliente e seu parceiro ficam em pé de costas um para o outro a uma distância de aproximadamente 30 a 60 centímetros. O cliente segura a *medicine ball* perto de seu quadril direito.

Movimento: O cliente começa realizando rotação diagonalmente com a bola do seu quadril direito em direção a seu ombro esquerdo. O parceiro gira para seu lado direito para receber a *medicine ball* do cliente. O parceiro, em seguida, move a bola da posição "alta", abaixando-a pelo seu corpo para o lado oposto. O cliente faz o mesmo movimento, recebendo a bola na posição "baixa".

Over-Unders

Posição inicial: O cliente e seu parceiro ficam a uma distância de aproximadamente 30 a 60 centímetros um do outro, em direções opostas.

Movimento: O cliente eleva a *medicine ball* sobre a cabeça, entregando-a ao parceiro. O parceiro segura a bola e a abaixa para entregá-la ao cliente. O par deve executar um determinado número de repetições.

Cruzamento de Quadril

Posição inicial: Deitado no chão em decúbito dorsal com os ombros abduzidos e as pernas sobre uma *physioball* (bola suíça). Os quadris e os joelhos são mantidos flexionados a cerca de 90°.

Movimento: O cliente rotacionando o tronco e a bola para um lado, mantendo-a no chão durante todo o exercício. O cliente só deve rotacionar tanto quanto possível mantendo a parte superior de suas costas e seus ombros no solo. O objetivo é que o cliente toque o chão — ou chegue o mais perto possível — com o joelho (joelho do lado para o qual está rotacionando). O cliente deve executar este exercício dos dois lados.

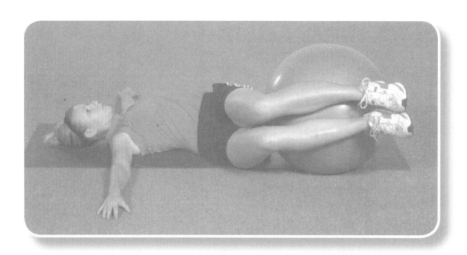

Ponte com uma Physioball (Bola Suíça)

Posição inicial: Deitado no chão em decúbito dorsal com os pés sobre uma *physioball* (bola suíça). Os pés podem ser posicionados em uma destas duas maneiras: (1) com os calcanhares em contato com a bola ou (2) com as plantas dos pés apoiadas na bola.

Movimento: Como no exercício de ponte tradicional, o cliente contrai os glúteos para elevar os quadris em direção ao teto.

Abdominal Invertido

Posição inicial: Deitado no chão em decúbito dorsal com as duas pernas retas. Os tornozelos do cliente ficam um de cada lado da *physioball* (bola suíça).
Movimento: O cliente traz os joelhos em direção ao peito, levantando a bola do chão.

Concha na Physioball *(Bola Suíça)*

Posição inicial: Uma posição de flexão de braços, com as palmas das mãos no chão para apoiar a parte superior do corpo. As pernas devem estar apoiadas sobre a *physioball* (bola suíça).
Movimento: O cliente trás os joelhos em direção ao peito, flexionando o quadris, fazendo que a *physioball* (bola suíça) role para frente. O cliente mantém esta posição por 5 segundos. Em seguida, retorna para a posição inicial, estendendo os joelhos e os quadris e rolando a bola para longe do corpo.

Abdominal na Physioball *(Bola Suíça)*

Posição inicial: Deitado em decúbito dorsal com os pés apoiados na *physioball* (bola suíça). Os quadris estão flexionados e alinhados com o tronco e os joelhos estão flexionados a 90°.
Movimento: O cliente executa um abdominal de maneira semelhante ao tradicional.

Elevação de Perna com Physioball (Bola Suíça)

Posição inicial: Deitado no chão em decúbito dorsal e segurando a *physioball* (bola suíça) com os pés e tornozelos.
Movimento: O cliente eleva as pernas com os joelhos retos, flexionando os quadris a 90° e mantendo a região lombar contra o chão. O cliente mantém a posição durante 5 a 10 segundos e, em seguida, abaixa a bola.
Dicas importantes: Muitos clientes não conseguirão flexionar os quadris a 90°. Permita que esses clientes flexionem o quadril tanto quanto possível, mantendo a lombar no chão.

Prancha com Giros na Bola

Posição inicial: Posição de prancha com as palmas das mãos no chão para apoiar a parte superior do corpo. Os pés devem estar apoiados sobre a *physioball* (bola suíça).
Movimento: O cliente rotaciona o quadril para um lado e mantém essa posição durante 2 a 3 segundos. Em seguida, retorna à posição inicial e inverte a direção (rotação). O cliente deve executar o número desejado de repetições de cada lado.

Supino em uma Physioball *(Bola Suíça)*

Posição inicial: Deitado sobre a bola em decúbito dorsal com os quadris e as coxas alinhados com o tronco, joelhos flexionados a 90° e os pés no chão. Um observador está próximo para dar ao cliente os halteres.
Movimento: O observador dá os pesos para o cliente quando seus cotovelos estão estendidos. O cliente flexiona lentamente os cotovelos, a 90°. Ele repete a sequência, realizando o supino com halteres, mantendo a coluna neutra.
Erro comum: Se o cliente tem dificuldades de manter a coluna neutra, isso pode indicar que ele está trabalhando com peso demais.

Desenvolvimento em uma Physioball *(Bola Suíça)*

Posição inicial: Sediado em uma *physioball (bola suíça)* com os quadris e joelhos flexionados em 90°. Um observador deve ajudar o indivíduo com este exercício, especialmente quando são utilizados halteres pesados.
Movimento: O cliente executa um desenvolvimento, mantendo a coluna neutral.
Erro comum: Se o cliente não conseguir manter a coluna neutra durante a elevação, isso pode indicar que o cliente está trabalhando com peso demais.

Exercícios Avançados de Resistência de Core

Os exercícios desta seção são, em geral, indicados para atletas, artistas performáticos e clientes avançados.

Elevação de Perna em Decúbito Lateral

Posição inicial: Em decúbito lateral com ambos os joelhos estendidos.
Movimento: O cliente eleva as duas pernas 2 a 4 polegadas (5 a 10 centímetros) do chão, mantendo essa posição durante 5 a 10 segundos. O cliente abaixa as pernas para a posição inicial e repete o movimento o número desejado de vezes.
Exercício seguinte na progressão: Se um cliente consegue executar este exercício com excelente técnica, pode passar para o "canivete" lateral. Para executar o "canivete" lateral, o cliente eleva as duas pernas e o tronco (elevando a parte superior) ao mesmo tempo. O cliente mantém a posição durante 5 a 10 segundos e, em seguida, retorna para a posição inicial. Repetindo o número desejado de vezes de cada lado.

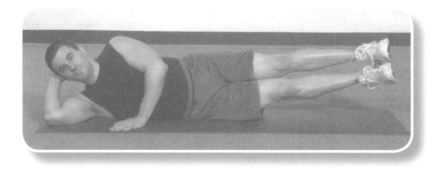

Canivete na Physioball (Bola Suíça)

Posição inicial: Posição de prancha com as mãos ou antebraços no chão, apoiando o tronco superior. As pernas ficam apoiadas na *physioball* (bola suíça).
Movimento: O cliente usa as pernas para levar a bola em direção ao corpo ao mesmo tempo em que eleva e flexiona os quadris em direção ao teto. Ele mantém a posição durante 5 a 10 segundos e, em seguida, retorna à posição inicial.

Aviãozinho

O aviãozinho trabalha a ativação dos isquiotibiais, melhora a estabilidade do *core* e incorpora treinamento de equilíbrio.

Posição inicial: Equilibrando-se em uma perna com o joelho totalmente estendido, mantendo uma postura ideal.

Movimento: O cliente inclina o tronco à frente mantendo a coluna neutra. Os braços do cliente devem estar estendidos para os lados para ajudar no equilíbrio. Conforme o cliente se inclina para a frente, ele sentirá uma sensação de alongamento nos isquiotibiais.

Erro comum: Clientes com encurtamento significativo nos isquiotibiais têm a tendência de compensar arredondando ou rotacionando a região lombar.

Barra Fixa com Giro

Posição inicial: Apoiando-se em uma barra fixa ou na parte superior de um aparelho de agachamento com as duas mãos em posição supina.

Movimento: O cliente eleva os joelhos em direção do ombro direito até que suas pernas estejam paralelas ao chão. O cliente mantém a posição por 1 ou 2 segundos e abaixa as pernas sob controle. Em seguida, repete o movimento do lado oposto.

Giro Pronado

Posição inicial: Os dois pés são apoiados em um banco e as duas mãos sobre o solo afastadas na linha dos ombros.
Movimento: O cliente flexiona um joelho a 90° e, em seguida, rotacina o tronco em direção ao lado oposto, mantendo esta posição por até 5 segundos. Em seguida, repete o movimento do lado oposto.

Abdominal "Canivete"

Posição inicial: Em decúbito dorsal no chão com os joelhos estendidos e os braços posicionados sobre a cabeça.
Movimento: O cliente eleva simultaneamente o tronco e as pernas, ficando em formato de "V". As mãos devem ir em direção aos pés no final do movimento. O cliente deve, em seguida, retornar à posição inicial, abaixando lentamente o corpo.

Ponte Lateral com Abdução de Quadril

Posição inicial: A mesmo da ponte/prancha lateral (intermediária).
Movimento: Na posição de prancha lateral, o cliente abduz a perna superior, elevando a da perna aproximadamente 15 a 20 centímetros. O cliente mantém esta posição por até 5 segundos.
Variação: Pode-se usar flexão de quadril em vez de abdução. Uma vez que o cliente assumiu a posição de prancha lateral, instrua-o a flexionar o quadril, levando o joelho em direção ao peito. Quando o quadril e o joelho estão em uma posição de 90-90, o cliente a mantém por 5 segundos.

Ponte/Prancha Lateral com Rotação Externa do Ombro

Posição inicial: A mesmo da ponte/prancha lateral (intermediária). Uma toalha é colocada entre o cotovelo e o corpo do cliente. Colocar a toalha ajudará a posicionar o ombro em uma posição de treinamento ideal e sinalizará ao cliente que este deve manter o cotovelo ao seu lado.
Movimento: Na posição de prancha lateral, o cliente segura um haltere leve com o ombro e o cotovelo em uma posição de 90-90. Instrua o cliente a rotacionar o ombro externamente.

Prancha em Três Apoios

Posição inicial: Uma postura de prancha em três apoios em que o cliente sustente o corpo com os pés e um cotovelo estendido.
Movimento: Na posição de prancha em três apoios, o cliente realiza um exercício de extremidade superior com o braço livre. Este exercício pode ser uma flexão do ombro, uma abdução horizontal do ombro, remada unilateral ou um exercício de extensão do ombro.

Extensão Lombar

Posição inicial: Posicionado em um aparelho extensor. Os pés do cliente devem estar sob o suporte e a cadeira deve estar ajustada para permitir que o cliente se curve completamente para a frente.

Movimento: O cliente eleva o corpo de uma posição flexionada até uma neutra.

Considerações para clientes de reabilitação: Em geral, não é necessário realizar a hiperextensão da coluna; este exercício é contraindicado para pacientes com espondilolístese ou doença articular degenerativa. Você também deve avaliar os riscos de incorporar este exercício para um indivíduo com um histórico de dor relacionada aos discos.

Giro Romano

Posição inicial: Mantendo uma postura de coluna neutra com as extremidades inferiores apoiadas no aparelho extensor.

Movimento: Em uma posição ereta, o cliente realiza uma rotação de tronco para um lado, retorna para a posição inicial e, em seguida, executa a rotação para o lado oposto.

Giro Russo

Posição inicial: Posicionado no extensor lombar como mostrado.
Movimento: O cliente mantém a contração abdominal enquanto rotaciona lentamente o tronco e os braços para o lado. Após realizar a rotação, ele mantém a posição por até 5 segundos. Em seguida, retorna para a posição inicial e repete o movimento para o lado oposto.
Variação: Para aumentar a dificuldade do exercício, o cliente pode segurar uma *medicine ball* com os cotovelos estendidos.

Giro Russo em uma Physioball *(Bola Suíça)*

Posição inicial: Em decúbito dorsal sobre a *physioball* (bola suíça). O quadril está alinhado, os joelhos flexionados a 90° e os pés estão no chão.
Movimento: O cliente posiciona os braços acima do peito e junta as mãos. Em seguida, rotaciona o tronco para cada um dos lados, mantém a posição por 1 ou 2 segundos e retorna para a posição inicial. Este exercício deve ser realizado de ambos os lados.

AUMENTANDO A FORÇA DO CORE

A seção anterior apresentou exercícios que são tradicionalmente prescritos para clientes e pacientes para melhorar a capacidade de resistência do *core*. Esses exercícios satisfarão as necessidades de estabilidade funcional da maioria dos clientes. No entanto, a adição de exercícios para fortalecer os músculos do *core* é necessária para atletas, trabalhadores manuais e clientes com alto nível de condicionamento. Estes atletas competitivos ou industriais devem ser capazes não só de estabilizar a coluna, mas também devem ter uma força adequada para executar movimentos funcionais. Por exemplo, um trabalhador que levanta caixas pesadas o dia todo deve conseguir não só realizar uma contração abdominal para estabilizar a coluna, mas também utilizar os músculos corretos para gerar a força necessária para levantar o objeto pesado.

Exercícios de Força para o Core

Agachamento com Barra ou Halteres

Posição inicial: Em pé, com os pés afastados na linha dos ombros. Ao executar o agachamento; a barra deve estar apoiada sobre o músculo trapézio ou sobre o trapézio e os deltoides. Se usar halteres, eles devem ser segurados dos lados do corpo. Se o cliente usa uma barra, alguém deve ajudá-lo.

Movimento: O cliente flexiona os quadris e os joelhos. Os joelhos não devem passar da linha dos pés. As coxas devem ficar paralelas ao chão. O cliente deve manter a coluna neutra durante o agachamento. Ele retorna para a posição inicial estendendo os quadris e os joelhos.

Considerações para clientes de reabilitação e de *fitness*: Se o cliente tiver problemas na região cervical da coluna, ele pode realizar um agachamento frontal, segurando a barra sobre os peitorais e o deltoide anterior.

Levantamento Terra Romeno (Stiff)

O levantamento terra romeno fortalece os posteriores da coxa e desafia a capacidade do cliente para estabilizar o tronco.

Posição inicial: Em pé, com os pés afastados na linha dos quadris, segurando um par de halteres (ou uma barra) com as mãos afastadas um pouco mais que a largura dos ombros. Os joelhos devem estar ligeiramente flexionados e a coluna deve estar em uma posição neutra.

Movimento: O cliente abaixa a barra em direção ao solo deslocando os quadris para trás (posteriormente) até que sinta alongamento dos posteriores da coxa. A coluna não deve ser flexionada. O cliente retorna para a posição inicial contraindo os posteriores da coxa e retornando em direção à posição inicial.

Barra Fixa

O exercício de barra fixa pode ser realizado para melhorar a força geral das costas bem como a estabilidade do *core* (pelo músculo grande dorsal; ver Capítulo 2). Como o exercício *lat pulley* costas, várias técnicas são usadas para a barra fixa.

Posição inicial: Segurando a barra com as mãos em posição pronada. Você também pode pedir para os clientes segurarem a barra de outras formas, como em decúbito dorsal.

Movimento: O cliente inspira enquanto puxa o corpo em direção à barra. Em seguida, abaixa lentamente o corpo para a posição inicial e expira o ar.

Pulley *Costas (Frente)*

Posição inicial: Sentado no aparelho, de frente para a máquina. O cliente deve segurar a barra com as mãos pronadas e bastante afastadas uma da outra.

Movimento: O cliente puxa a barra em direção ao peito enquanto realiza a adução e a depressão das escápulas.

Considerações para clientes de reabilitação e de *fitness*: Algumas pessoas defendem puxar a barra para trás (*pulley* costas) em vez de puxá-la em direção ao peito. Deve-se ter cuidado com este exercício, especialmente com clientes que têm um histórico de problemas ou instabilidade no ombro.

Remada sentada

Posição inicial: Sentado com uma postura de coluna neutra enquanto segura a barra ou alças.
Movimento: O cliente puxa a barra ou as alças em direção ao abdômen.

Puxada Diagonal no Cabo

Posição inicial: Em pé perpendicularmente ao aparelho. A alça é posicionada no alto ou em baixo na máquina. O cliente segura a alça do cabo com as duas mãos.
Movimento: O cliente executa um movimento diagonal de um lado a outro de seu corpo em qualquer direção, de cima para baixo ou de baixo para cima. Este exercício também pode ser executado com cabos de resistência.

Avanço

Este exercício funcional fortalece as extremidades inferiores e melhora a estabilidade do *core*.
Posição inicial: Em pé com pernas afastadas na linha dos ombros.
Movimento: O cliente dá um passo para frente, flexionando o quadril e o joelho da frente. O joelho da frente deve estar alinhado com o quadril e o pé e a coxa deve estar paralela (ou quase paralela) ao solo. O corpo é abaixado em direção ao solo até o ponto em que o joelho de trás quase toca o chão. Em seguida, o cliente inverte o movimento, retornando à posição inicial. O cliente repete a sequência de agachamento com a perna oposta dando o passo à frente.
Dicas importantes: Diga para o cliente manter a postura ideal dos quadris e da coluna. Observe toda a cadeia cinética para erros de técnica.
Variação: Uma caminhada em agachamento pode ser realizada com a repetição alternada de agachamentos seguidos para frente.

Avanço com Giro

Posição inicial: A mesma do avanço.
Movimento: Ao executar o avanço, o cliente rotaciona o tronco em direção ao lado da perna de trás. O cliente retorna à posição inicial e repete do lado oposto.
Variação: O cliente pode usar um bastão para ajudar a manter o equilíbrio.

Avanço para Trás

Posição inicial: A mesma do agachamento para frente.
Movimento: O cliente executa um avanço que se parece exatamente com o tradicional; a diferença é que o sentido do movimento é para trás.
Variação: O agachamento para trás também pode ser executado apoiando a perna de trás em uma *physioball* (bola suíça). Para executar o agachamento para trás, o cliente estende o quadril, rolando a bola para trás.

Avanço para o Lado

Posição inicial: Em pé com os joelhos afastados na linha dos ombros.
Movimento: O cliente dá um passo (agacha) para o lado, mantendo os pés apontados para a frente. Ao executar o agachamento lateral, o cliente deve agachar em direção ao chão. O quadril parado é abduzido passivamente durante o exercício. O cliente deve manter a coluna neutra durante todo o exercício.

Avanço com Rotação Segurando a Bola

Posição inicial: O cliente e um parceiro ficam em pé lado a lado, a uma distância de até 3 pés (90 centímetros) e voltados para a mesma direção.

Movimento: Ambos os parceiros executam um avanço simultaneamente. Conforme o movimento é executado, o parceiro que está segurando a bola rotaciona o tronco em direção à outra pessoa, entregando-lhe a bola. O avanço é repetido e os parceiros se revezam girando e entregando a bola para o outro.

Variação: O avanço também pode ser executado sem um parceiro. O cliente assume a posição inicial segurando a bola em frente ao corpo. Conforme o cliente agacha, ele rotaciona o tronco.

Série de Avanços de Chu para Atletas

Don Chu, ph.D., PT, é uma das principais autoridades em treinamento esportivo e reabilitação. Ele foi um dos mais importantes proponentes de exercícios pliométricos, ajudando a popularizar este tipo de treinamento nos Estados Unidos (Chu e Cordier, 2000). O doutor Chu promove uma sequência específica de exercícios de avanço projetada para atletas (comunicação pessoal, 2006). Essa sequência incorpora quatro movimentos de avanço. A série consiste em um avanço para frente, um para trás, um lateral e um diagonal a 45° de um eixo horizontal. Chu recomenda que o atleta realize 10 repetições de cada exercício para um total de 80 repetições!

RESUMO

Este Capítulo apresentou uma série de exercícios projetados para melhorar resistência e a força do *core*. Lembre-se de considerar o nível de condicionamento do cliente ao prescrever exercícios para o *core*. A falha em prescrever os exercícios corretos limitará a eficácia do programa de treinamento e pode até mesmo contribuir para uma lesão. Os dados coletados na avaliação física ajudarão a guiar sua seleção de exercícios. Em caso de dúvida, inicie no nível básico, progredindo o cliente assim que ele demonstrar domínio dos exercícios.

Quadro 6.2 Exercícios para Treinamento de Músculos Específicos do *Core*

Músculos	Básicos	Intermediários	Avançados	Fortalecimento
Trapézio	1. *Pull downs* com braços esticados	1. Elevação de braço e perna opostos em quatro apoios 2. Prancha frontal com extensão de braço ou perna 3. Prancha frontal com extensão de braço e perna opostos	1. Barra fixa com giro	1. Barra fixa 2. Remada sentada
Longuíssimo dorsal	1. *Pull downs* com braços esticados	-	1. Barra fixa com giro	1. Puxador
Eretor da espinha	1. Encontrando a coluna neutra em quatro apoios 2. Posição de quatro apoios com elevação de braço 3. Posição de quatro apoios com extensão de perna 4. *Pull downs* com braços esticados 5. Apoio na parede 6. Passos para o lado com cabo	1. Elevação de braço e perna opostos em quatro apoios 2. Ponte com caminhada 3. Ponte com extensão de perna 4. Prancha frontal 5. Prancha frontal com extensão de braço ou perna 6. Prancha frontal com extensão de braço e perna opostos 7. Ponte com uma *physioball*	1. Exercício de prancha e abdominal 2. Giro pronado 3. Prancha em três apoios com exercício de extremidade superior 4. Giro romano 5. Cadeira romana 6. Giro russo 7. Giro russo em uma *physioball*	1. Levantamento terra romeno 2. Padrões diagonais no cabo
Grupo muscular tranversoespinhal	1. *Pull downs* com braços esticados 2. Apoio na parede 3. Passos para o lado com cabo	1. Elevação de braço e perna opostos em quatro apoios 2. Ponte com caminhada 3. Ponte com extensão de perna 4. Prancha frontal 5. Prancha frontal com extensão de braço ou perna 6. Prancha frontal com extensão de braço e perna opostos 7. Ponte com uma *physioball*	1. Exercício de prancha e abdominal 2. Giro pronado 3. Prancha em três apoios com exercício de extremidade superior 4. Giro romano 5. Cadeira romana 6. Giro russo 7. Giro russo em uma *physioball*	1. Levantamento terra romeno 2. Padrões diagonais no cabo
Reto abdominal	1. Abdominal 2. Prancha frontal com apoio nos joelhos	1. Ponte lateral 2. Prancha frontal 3. Prancha frontal com extensão de braço ou perna 4. Prancha frontal com extensão de braço e perna opostos 5. Abdominal invertido 6. Concha sobre *physioball*	1. Pico na *physioball* 2. Barra fixa com giro 3. Giro pronado 4. Abdominal "canivete" 5. Elevação de perna 6. Giro romano 7. Giro russo	-

Músculos	Básicos	Intermediários	Avançados	Fortalecimento
Transverso abdominal	1. Ponte lateral (iniciante)	1. Ponte lateral	1. Pico na *physioball* 2. Barra fixa com giro 3. Giro pronado 4. Abdominal "canivete" 5. Elevação de perna 6. Giro romano 7. Giro russo	-
Oblíquo externo	1. Abdominal 2. Prancha frontal com apoio nos joelhos	1. Prancha frontal 2. Prancha frontal com extensão de braço ou perna 3. Prancha frontal com extensão de braço e perna opostos 4. Abdominal sobre *physioball* 5. Prancha com giros na bola	1. Pico na *physioball* 2. Barra fixa com giro 3. Giro pronado 4. Abdominal "canivete" 5. Elevação de perna 6. Giro romano 7. Giro russo	-
Oblíquo interno	1. Abdominal 2. Prancha frontal com apoio nos joelhos	1. Prancha frontal 2. Prancha frontal com extensão de braço ou perna 3. Prancha frontal com extensão de braço e perna opostos 4. Abdominal sobre *physioball* 5. Prancha com giros na bola	1. Pico na *physioball* 2. Barra fixa com giro 3. Giro pronado 4. Abdominal "canivete" 5. Elevação de perna 6. Giro romano 7. Giro russo	-
Flexores do quadril (ilíaco e psoas maior)	-	1. Concha sobre *physioball*	1. Barra fixa com giro 2. Abdominal "canivete" 3. Elevação de perna 4. Ponte lateral com flexão do quadril	-
Glúteo máximo	1. Extensão de quadril de bruços 2. Ponte	1. Ponte com caminhada 2. Ponte com extensão de perna 3. Prancha frontal com extensão de braço ou perna 4. Prancha frontal com extensão de braço e perna opostos	1. Isquiotibial invertido	1. Agachamento
Glúteo médio	1. Ostra 2. Elevação de perna estendida deitado de lado	1. Ponte lateral 2. Elevação de perna com *physioball*	1. Elevação de perna bilateral deitado de lado 2. Ponte lateral com abdução do quadril 3. Ponte lateral com rotação externa do ombro 4. Agachamento unilateral	1. Agachamento

(continua)

Quadro 6.2 (continuação)

Músculos	Básicos	Intermediários	Avançados	Fortalecimento
Glúteo mínimo	1. Ostra 2. Elevação de perna estendida deitado de lado	1. Ponte lateral 2. Elevação de perna com *physioball*	1. Elevação de perna bilateral deitado de lado 2. Ponte lateral com abdução do quadril 3. Ponte lateral com rotação externa do ombro 4. Agachamento unilateral	1. Agachamento
Tensor da fáscia lata	1. Ostra 2. Elevação de perna estendida deitado de lado	1. Ponte lateral	1. Elevação de perna bilateral deitado de lado 2. Ponte lateral com abdução do quadril 3. Ponte lateral com rotação externa do ombro 4. Ponte lateral com flexão do quadril 5. Agachamento unilateral	1. Agachamento
Piriformes	1. Ostra	1. Prancha com giros na bola	-	-
Obturadores externos dos quadris	1. Ostra 2. Elevação de perna estendida deitado de lado	1. Rotação de tronco em pé 2. Rotação de tronco alto-baixo em pé 3. Cruzamento de quadril 4. Prancha com giros na bola	1. Giro pronado	-
Obturadores internos dos quadris	1. Elevação de perna estendida deitado de lado	1. Prancha com giros na bola	1. Giro pronado	-

7
Flexibilidade do Core

As pessoas precisam de certo grau de flexibilidade para realizar o trabalho e outras atividades diárias. Por exemplo, um transportador de mudança precisa de flexibilidade de quadril, joelhos e tornozelos (combinada à capacidade de estabilizar a coluna) suficiente para agachar ao erguer móveis. Se sua flexibilidade é limitada em qualquer uma das articulações, ele provavelmente realizará o levantamento com uma mecânica corporal pobre, aumentando potencialmente o risco de lesões naquela articulação ou em uma adjacente. Um jogador de golfe com baixa flexibilidade de *core* pode ser incapaz de rotacionar seu tronco de forma otimizada durante o *backswing*. Essa falta de flexibilidade impedirá que o golfista maximize sua velocidade de tacada durante o *downswing*.

Exercícios de alongamento devem ser prescritos para tratar da flexibilidade baixa ou limitada de seus clientes. Outros benefícios atribuídos ao alongamento incluem aumento do relaxamento, redução do estresse, diminuição da tensão muscular e manutenção ou melhora da postura. Alongar também pode diminuir dores lombares, aliviar os sintomas associados a cãibras ou dores musculares e ajudar a prevenir lesões (Alter, 2004).

Exercícios de flexibilidade devem ser incluídos nos programas de treinamento concebidos para clientes de *fitness*, atletas ou pacientes. Há uma variedade de técnicas de alongamento que podem ser prescritas. O desafio é escolher a técnica de alongamento mais adequada para cada cliente. Ao selecionar exercícios para um programa de alongamento, é preciso considerar o objetivo. Se ele é

- aumentar a flexibilidade;
- melhorar o desempenho atlético;
- reduzir o risco de lesões;
- reabilitar um paciente após uma lesão;

ou alguma combinação desses? A ciência por trás da flexibilidade está em constante evolução. O que é verdadeiro hoje pode não ser verdade amanhã. Por isso, devemos permanecer atentos para as tendências e avanços relatados na literatura de pesquisa.

Este Capítulo destina-se a analisar a metodologia de alongamento, a introduzir uma abordagem baseada em evidências para desenvolver um programa e a fornecer diversos exercícios de flexibilidade e exemplos de programas que abordam o *core*.

O QUE É FLEXIBILIDADE?

Qualquer discussão sobre flexibilidade deve começar com um exame da terminologia. Profissionais de *fitness* devem saber o significado dos termos *amplitude de movimento* e *flexibilidade*, compreender os métodos de flexibilidade e reconhecer as indicações e contraindicações associadas à prescrição de um programa de flexibilidade para um cliente.

Amplitude de movimento (AM) se refere à quantidade de movimento disponível em uma articulação. Profissionais da saúde normalmente medem a AM em graus usando uma ferramenta conhecida como um **goniômetro**. É também comum identificar as limitações de AM do cliente pela observação de padrões de movimento funcional e por exames com as mãos. AM é frequentemente descrita de duas maneiras: **amplitude ativa de movimento (AAM)** ou **amplitude passiva de movimento (APM)**.

Flexibilidade diz respeito à capacidade de uma pessoa de se mover em uma AM disponível. A flexibilidade é classificada de duas formas: estática e dinâmica (Holcomb, 2000; Jeffreys, 2008). A **flexibilidade estática se** refere à AM que pode ser demonstrada em uma articulação sem qualquer contração muscular. Assim, profissionais de reabilitação frequentemente se referem à flexibilidade estática como amplitude passiva de movimento (APM). A **flexibilidade dinâmica** é a AM demonstrada por um cliente ao executar qualquer movimento ativo. Este tipo de flexibilidade, também conhecido como amplitude ativa de movimento, requer atividade muscular. Não é incomum a flexibilidade dinâmica de uma pessoa ser menor que sua flexibilidade estática.

Algumas pessoas podem apresentar amplitude de movimento anormal ou excessiva. Ao avaliar as habilidades funcionais de um cliente, você pode conseguir determinar se o cliente apresenta movimento excessivo (**hipermobilidade**) ou movimento restrito (**hipomobilidade**). Hipermobilidade está relacionada a uma AM em uma articulação além dos valores aceitos como "normais" (Alter, 2004). Por exemplo, AM normal para extensão de joelho é de 0°, mas muitas mulheres demonstram hiperextensão excessiva do joelho de 10° a 20°. Usar a pontuação de Beighton pode ajudar a identificar os clientes que são hipermóveis (Boyle et al., 2003). Um cliente é considerado hipermóvel se marca pelo menos cinco dos nove pontos possíveis nos seguintes testes:

- Marcar um ponto se o cliente consegue se curvar na cintura e colocar ambas as mãos planas no chão, mantendo os joelhos retos.
- Marcar 1 ponto para *cada* joelho que pode atingir hiperextensão.
- Marcar 1 ponto para *cada* cotovelo que pode hiperestender além do neutro.
- Marcar 1 ponto para *cada* polegar que é pode se flexionar para trás até tocar o antebraço.
- Marcar 1 ponto para *cada* dedo mindinho que pode se flexionar para trás além de 90°.

A **lassidão articular**, que não deve ser confundida com hipermobilidade, é o jogo ou movimento excessivo criado na articulação quando uma estrutura de suporte ligamentar é alongada ou lesionada. A lassidão ligamentar no joelho (que pode resultar de uma lesão do ligamento cruzado anterior, por exemplo) pode contribuir para a instabilidade do joelho, especialmente se os músculos adjacentes são incapazes de fornecer suporte e estabilidade adequados. Um cliente que é hipermóvel pode conseguir demonstrar um funcionamento normal, ao passo que um cliente com lassidão articular pode ter um funcionamento prejudicado e precisar de atenção médica.

A hipomobilidade de uma articulação ou grupo de articulações pode limitar o movimento funcional. Muitos indivíduos são hipomóveis na coluna lombar. Embora a hipomobilidade em uma região possa não impedir que um cliente execute um movimento funcional, ela pode resultar em padrões de movimento inferiores. Padrões inferiores geralmente envolvem o uso de estratégias compensatórias de movimento. Por exemplo, um indivíduo que tem pouca força no quadril pode demonstrar flexão excessiva da coluna ao executar um agachamento. Se padrões de movimentos incorretos se repetem ao longo do tempo, as articulações da pessoa podem ter risco aumentado de lesões.

CLASSIFICAÇÕES DOS ALONGAMENTOS

Os quatro modos principais de alongamento são estático, dinâmico, balístico e por facilitação neuromuscular proprioceptiva (FNP). Todas essas técnicas podem melhorar a flexibilidade do cliente; no entanto, profissionais de *fitness* devem compreender quando um modo particular deve ser usado. Esta seção fornece uma descrição e uma ilustração de cada técnica, juntamente com o exemplos de sugestões clínicas e possíveis contraindicações.

Alongamento Estático

Um alongamento estático é um movimento lento e controlado que alonga um músculo ou grupo de músculos por um período de tempo prolongado (Holcomb, 2000; Woods et al., 2007; Jeffreys,

2008). Para executar corretamente um alongamento estático, os clientes devem esticar o músculo até uma posição em que sentem uma sensação forte, mas confortável, de "alongamento" (ou um aumento da tensão muscular) sem sentir dor.

Concluiu-se que o alongamento estático aumenta a flexibilidade estática e a amplitude de movimento, podendo beneficiar, portanto, clientes saudáveis e pacientes lesionados (Alter, 2004). Uma rotina de alongamento estático pode ajudar a promover o relaxamento, reduzir o nível de estresse do cliente, diminuir a dor muscular e melhorar a flexibilidade. O alongamento estático pode ser executado em qualquer lugar e a qualquer hora e, em geral, pode ser realizado sem a ajuda de parceiros ou aparelhos.

Por quanto tempo deve ser realizado um alongamento estático para se atingir maiores flexibilidade e amplitude de movimento? Quantas repetições por alongamento são necessárias? Quando é o momento ideal para fazer o alongamento estático?

A literatura está repleta de estudos que comparam as alterações de flexibilidade resultantes de diversos tempos de manutenção do alongamento (por exemplo, 15 segundos *versus* 30 segundos, 5 segundos *versus* 60 segundos, e assim por diante). Em média, um alongamento estático deve ser mantido por um período mínimo de 30 segundos (Decoster et al., 2005; Bandy et al., 1994). Parecem faltar à literatura estudos sobre quantas repetições uma pessoa deve realizar por grupo muscular por sessão de treinamento. A experiência clínica de uma variedade de profissionais sugere que para um cliente conseguir melhorias de flexibilidade, ele deve executar uma ou mais repetições de alongamento do músculo ou grupo muscular alvo diariamente. O cliente deve ser preparado para executar esses exercícios regularmente para ter qualquer benefício. Pode levar muitas semanas de alongamento diário para que um cliente sinta ganhos de flexibilidade.

Uma sequência de alongamento estático deve ser executada ao final do programa de treinamento de resistência do cliente ou como parte de uma sessão de alongamento separada.

Alguns treinadores de força e treinadores atléticos fazem seus atletas executarem alongamentos estáticos antes da prática ou da competição. O fundamento relatado para o uso de alongamento estático como parte de uma sequência de aquecimento é que ele "prepara os músculos" para competições e ajuda a reduzir o risco de lesões (Alter, 2004). Aqueles que se opõem à realização de exercícios de alongamento estático pelos atletas antes da prática ou da competição alegam que o eles não replicam os movimentos dinâmicos necessários para esportes. Pesquisas atuais também desafiam o uso do alongamento estático imediatamente antes da execução (Stone et al., 2006; Yamaguchi et al., 2006). Por exemplo, pesquisadores descobriram que a utilização do alongamento estático na verdade diminuiu o desempenho no salto vertical quando o alongamento ocorreu imediatamente antes do salto (Bradley et al., 2007).

Técnicas de alongamento estático podem ser úteis em situações de reabilitação clínica. Durante as fases aguda (imediatamente após uma lesão) ou subaguda de uma lesão, o alongamento estático pode permitir que o paciente melhore com segurança sua amplitude de movimento, ao passo que formas ativas de alongamento podem agravar os sintomas. Fazer um paciente executar alongamentos estáticos também pode fornecer benefícios adicionais como redução da dor muscular e indução de relaxamento geral.

O Quadro 7.1 mostra as indicações e as contraindicações do alongamento estático. A caixa de texto mostra um exemplo de sequência de alongamento estático para o *core*.

Quadro 7.1 Indicações, contraindicações e dosagem para alongamentos estáticos

Indicações	Contraindicações	Número recomendado de repetições	Duração
Para aumentar a flexibilidade, diminuir a dor e diminuir a sensibilidade muscular.	Quando não se indica movimento (por exemplo, condições médicas específicas, cirurgia ou fraturas); se o alongamento aumenta a dor ou imediatamente antes do exercício os esporte.	Uma ou mais repetições (exemplos clínicos sugerem pelo menos duas repetições por músculo ou grupo muscular).	Manter por 30 segundos.

Avaliação e Treinamento do *Core*

Exemplo de Sequência de Alongamento Estático para o *Core*

Repetições: 2 repetições de cada alongamento
Duração: Manter cada alongamento por 30 segundos
Descanso: 10 a 20 segundos de descanso entre cada repetição (fotos e descrições de cada alongamento são apresentadas ao final do Capítulo)

Posição supina
- Alongamento joelho sobre o peito (duas pernas)
- Alongamento de isquiotibiais
- Alongamento de piriforme

Posição ajoelhada
- Alongamento de flexores do quadril

Posição pronada
- Posição da cobra
- Alongamento de oração
- Alongamento de oração com flexão lateral

Alongamento Dinâmico

O alongamento dinâmico incorpora movimentos específicos do esporte para aumentar a flexibilidade funcional. Algumas pessoas classificam o alongamento dinâmico como um tipo de alongamento balístico porque ambas as formas de alongamento envolvem movimento (Alter, 2004; Woods et al., 2007). No entanto, o alongamento dinâmico não inclui os movimentos de salto ou balanço característicos do alongamento balístico. Em vez disso, o alongamento dinâmico enfatiza padrões de movimento específicos do esporte (Holcomb, 2000; Jeffreys, 2008). São exemplos de alongamentos dinâmicos o agachamento para frente, para trás (inverso) e marcha com elevação de joelho.

O alongamento dinâmico recentemente ganhou popularidade; um corpo crescente de evidências apoia a utilização de alongamento dinâmico para aquecer atletas ou clientes antes do esporte ou de uma sessão de treinamento (Hendrick, 2000; Little e Williams, 2006; Faigenbaum et al., 2005; Yamaguchi et al., 2006; Hewett et al., 1999). O Quadro 7.2 mostra indicações e contraindicações do alongamento dinâmico e um exemplo de sequência de aquecimento dinâmico é apresentado na caixa de texto.

Quadro 7.2 Indicações, contraindicações e dosagem para alongamentos dinâmicos

Indicações	Contraindicações	Número recomendado de repetições	Duração
Para aumentar a flexibilidade funcional e preparar metabolicamente o cliente ou atleta para o treinamento ou o esporte.	Se movimentos ativos não são indicados (por exemplo, condições médicas específicas, cirurgia ou fraturas).	Executar 6 ou 7 movimentos dinâmicos.	O atleta deve executar cada movimento dinâmico durante aproximadamente 1 a 2 minutos para um total de 10 minutos ou mais.

Exemplo de Sequência de Aquecimento Dinâmico

Uma sequência de alongamento dinâmico deve consistir de atividades que preparam metabolicamente o cliente ou o atleta para formas mais intensas de exercício ou de atividade. Você também deve escolher atividades que repliquem acuradamente os padrões de movimento funcionais ou específicos do esporte aplicáveis ao cliente. A caixa de texto apresenta um exemplo de sequência de alongamento dinâmico para um jogador de basquete. Essa sequência de aquecimento é executada antes da prática ou da competição.

Exemplo de Sequência de Alongamento Dinâmico para Basquete

O atleta começa correndo cinco voltas em torno do Tribunal.

O atleta executa cada uma das seguintes atividades dinâmicas para as larguras de uma ou duas da quadra de basquete. A rotina inteira deve durar cerca de 10 minutos.

Toque cruzado da ponta dos pés	Avanço com marcha lateral
Avanço com marcha	Marcha sobre os calcanhares
Avanço com marcha para trás	Marcha sobre os dedos dos pés

Alongamento Balístico

Um alongamento balístico envolve o uso de movimentos ativos que incorporam saltos ou balanços. O alongamento balístico difere do alongamento estático, pois a posição final não é mantida por um período de tempo (Holcomb, 2000; Alter, 2004; Jeffreys, 2008). O alongamento balístico é usado predominantemente como uma modalidade de aquecimento ou de preparação do atleta para o esporte (Bradley et al., 2007). Curvar-se para frente em direção ao solo e então saltar repetidamente em um esforço para aumentar a flexibilidade dos isquiotibiais é um exemplo clássico de um alongamento balístico.

Os defensores do alongamento balístico argumentam que ele ajuda a desenvolver a flexibilidade dinâmica (Alter, 2004; Woolstenhulme et al., 2006). Muitas pessoas rejeitam o uso de alongamentos balísticos em virtude de um suposto risco de lesão. Alongamentos balísticos são perigosos? Muitos profissionais de *fitness* desconsideram a eficácia potencial dessa forma de alongamento baseados nas populações específicas de cliente ou de pacientes que eles treinam ou tratam. No entanto, há uma falta de dados de pesquisa para apoiar a alegação de que o alongamento balístico pode prejudicar um cliente. Pelo contrário, estudos demonstraram que, em alguns casos, o alongamento balístico pode ser tão eficaz quanto (ou preferível a) outros modos de alongamento (Beedle e Mann, 2007; Bradley et al., 2007). Deve-se ter cuidado se um atleta ou um cliente teve uma lesão anterior que pode ser agravada por essa forma de alongamento. Por exemplo, um atleta que tem um histórico de dor lombar por causa de uma lesão do disco lombar pode aumentar seu risco de se lesionar novamente ao executar um movimento balístico de toque da ponta dos pés. O Quadro 7.3 lista as indicações e as contraindicações do alongamento balístico.

Quadro 7.3 Indicações, contraindicações e dosagem para alongamentos balísticos

Indicações	Contraindicações	Número recomendado de repetições	Duração
Para aquecer antes de esportes ou exercícios.	Pacientes de reabilitação; indivíduos com um disco herniado anteriormente, histórico recorrente de dores lombares ou histórico de distensões musculares.	Quinze alongamentos balísticos em um período de 30 segundos (Beedle e Mann, 2007).	Uma série de 30 segundos por grupo muscular.

Alongamento por Facilitação Neuromuscular Proprioceptiva (FNP)

O alongamento por FNP é executado com um parceiro e envolve movimentos passivos e ações musculares ativas (Alter, 2004; Holcomb, 2000). Uma vantagem de usar o alongamento por FNP é que ele pode causar ganhos imediatos em flexibilidade. A eficácia do alongamento por FNP em fazer melhorias de flexibilidade duradouras é menos clara. O Quadro 7.4 lista as indicações e as contraindicações para o alongamento por FNP. Para executar a maioria das técnicas de alongamento por FNP, uma pessoa deve ter a assistência de um parceiro. Isso limita a utilidade geral do alongamento por FNP. As principais técnicas de FNP são sustentar-relaxar, contração do agonista, contrair-relaxar e sustentar-relaxar com contração do agonista. Um exemplo de cada técnica é fornecido nas seções a seguir. Essas técnicas podem ser aplicadas a praticamente qualquer músculo ou grupo muscular do corpo. Os isquiotibiais são usados como uma referência em cada um dos exemplos a seguir.

Quadro 7.4 Indicações, contraindicações e dosagem para alongamento por FNP

Indicações	Contraindicações	Número recomendado de repetições	Duração
Para aquecer antes do esporte ou do exercício e para aumentar a flexibilidade em clientes de *fitness* e de reabilitação.	Quando movimento não é indicado.	2 a 4 repetições por músculo ou grupo muscular.	Ver períodos de duração para cada técnica nas seções seguintes.

Sustentar-Relaxar (SR)

Para começar, peça para o cliente deitar em decúbito dorsal. Em seguida, você deve alongar passivamente os isquiotibiais do cliente até ele atingir a amplitude de movimento. Essa posição primeira final deve ser sustentada por até 10 segundos. Então, peça ao cliente para contrair isometricamente os isquiotibiais por até 10 segundos enquanto você aplica uma força correspondente na direção oposta. Em seguida, o cliente relaxa a contração e, em seguida, você imediatamente alonga de forma passiva o músculo além da primeira posição de alongamento. Mantenha esse alongamento por 30 segundos. Realize 2 a 4 repetições por músculo ou grupo muscular.

Contração do Agonista

Para começar, peça para o cliente deitar em decúbito dorsal. Em seguida, execute o alongamento passivo do grupo muscular isquiotibial do cliente como na técnica anterior, mantendo por 10 segundos. Após sustentar por 10 segundos, instrua o cliente a contrair o grupo muscular agonista (no caso, os flexores do quadril) enquanto você oferece resistência à flexão do quadril por 6 a 10 segundos. Após a flexão do quadril isométrica, você deve novamente flexionar os quadris do cliente de forma passiva (enquanto o joelho permanece estendido) para alongar os isquiotibiais. Mantenha o alongamento por 30 segundos. Realize 2 a 4 contrações do agonista por músculo ou grupo muscular.

Contrair-Relaxar

Para aplicar o alongamento contrair-relaxar aos isquiotibiais, peça para o cliente deitar em decúbito dorsal. Em seguida, alongue passivamente seus isquiotibiais até ele atingir a amplitude de movimento. Mantenha essa posição por até 10 segundos. Em seguida, instrua o cliente a contrair seus isquiotibiais, estendendo seu quadril por toda a amplitude de movimento enquanto você oferece alguma resistência ao movimento. Ao final da extensão do quadril, imediatamente alongue os isquiotibiais do cliente de forma passiva além da posição de alongamento inicial. Mantenha esse alongamento por 30 segundos. Realize 2 a 4 repetições por músculo ou grupo muscular.

Sustentar-Relaxar com Contração do Agonista

Esta técnica combina a téscina de contrair-relaxar a uma contração do agonista adicional. Depois que o cliente realiza a contração isométrica dos isquiotibiais (10 segundos), ele deve deixá-los relaxar. O cliente deve, em seguida, imediatamente começar a flexionar ativamente o quadril (agonista) contra a resistência. Depois de 6 a 10 segundos, o cliente deve relaxar todos os grupos musculares, o que permitirá a você alongar mais os isquiotibiais. Repita esta técnica 2 a 4 vezes para maximizar a flexibilidade muscular.

UTILIZAÇÃO DE ROLOS DE ESPUMA (*FOAM ROLL*) NO ALONGAMENTO

Uma tendência de exercício popular em clínicas de medicina esportiva e em centros de treinamento de *fitness* é incorporar o uso de um rolo de espuma ao realizar exercícios de flexibilidade. As técnicas de alongamento realizadas com um rolo de espuma foram chamadas liberação de alongamento por liberação miofascial (SMFR)[1] (Clark e Russell, 2002). Os proponentes da SMFR afirmam que ela ajuda a diminuir a dor de tecidos moles, melhora o equilíbrio muscular entre agonistas e antagonistas e melhora o funcionamento. Acredita-se que esta técnica aumenta a extensibilidade do tecido mole encontrando os "*hot spots*" (embora não sejam bem-definidos, *hot spots* são como pontos de gatilho que se desenvolveram no músculo; ver Capítulo 2) e "liberando" essas áreas de maior sensibilidade por meio de pressão direta (Kaltenborn, 2006). Propõe-se que, quando o cliente aplica pressão em um *hot spot*, ocorrerá um relaxamento reflexivo do músculo (Clark e Russell, 2002).

Para muitos clientes, realizar exercícios de alongamento com um rolo de espuma será uma experiência nova. Ao prescrever um programa de alongamento que incorpora um rolo de espuma, você provavelmente precisará fornecer uma demonstração física além das instruções verbais para cada posição de alongamento. Tenha os seguintes pontos em mente quando ensinar seu cliente a alongar com um rolo de espuma:

- Instrua o cliente a mover ou "rolar" o músculo ou grupo muscular à velocidade de 1 polegada (2,5 centímetros) por segundo (Clark e Russell, 2002; Kaltenborn, 2006).
- Explique ao cliente que pode haver áreas dentro do músculo que parecem delicadas (*hot spot*).
- Quando um *hot spot* é encontrado, instrua o cliente a sustentar essa posição, mantendo a pressão sobre esse ponto por 30 a 60 segundos (Clark e Russell, 2002; Kaltenborn, 2006).
- Incentive o cliente a manter essa posição, mesmo na presença de dor leve a moderada.
- Se o cliente sente uma dor insuportável, instrua-o a tentar diminuir apenas a pressão suficiente na posição "sustentar" para tornar a dor tolerável.

Apesar da popularidade desta forma de alongamento, seus benefícios reais são desconhecidos. Há uma falta de literatura de pesquisa relacionada à eficácia dessa forma de alongamento. As pesquisas não determinaram se a SMFR (alongamento com rolo de espuma) é superior às formas tradicionais de alongamento quando se trata de melhorar a flexibilidade. Além disso, a eficácia a curto e a longo prazo da técnica SMFR no alívio da dor não é conhecida. A SMFR é semelhante à massagem esportiva no sentido de que há numerosas afirmações quanto a sua eficácia, mas as evidências que apoiam essas alegações são limitadas ou completamente inexistentes (Barlow et al., 2004; Hopper et al., 2005; Brumitt, 2008).

A seção a seguir apresenta algumas técnicas que incorporam o uso de um rolo de espuma. Se você optar por incluir o rolo de espuma no programa de treinamento de um cliente, faça-o em conjunto com outras formas tradicionais de alongamento.

---

[1] N.T.: self-myofascial-release stretching, sigla em inglês.

ALONGAMENTOS

Esta seção apresenta técnicas de alongamento estático, dinâmico, FNP e com rolo de espuma para muitos dos músculos do *core*. Os alongamentos estão organizados por grupo muscular.

Alongando os Isquitibiais

Técnicas de Alongamento Estático para os Isquiotibiais

Foram desenvolvidas várias técnicas de alongamento estático para o grupo muscular isquiotibial. A variedade de técnicas permite que profissionais de treinamento de força escolham a posição mais adequada para cada cliente.

Posição inicial 1

Posição inicial: O cliente em decúbito dorsal, segurando a parte de trás de seu joelho com as duas mãos.
Movimento: O cliente flexiona ativamente o quadril a 90°. Enquanto mantém esta posição, ele estende o joelho até sentir alongamento nos isquiotibiais.
Variações da posição 1: Se o cliente não consegue segurar o joelho e manter a posição com as duas mãos (por exemplo, em razão da obesidade ou da pouca força da parte superior do corpo), ele pode usar uma toalha ou faixa elástica para ajudar.

Posição inicial 2

Posição inicial: O cliente se deita em decúbito dorsal no vão de uma porta.
Movimento: O cliente coloca um pé sobre o batente da porta. Mantendo o joelho estendido, ele desliza seu corpo para mais perto da porta. A posição de alongamento é mantida depois que ele se sente o alongamento nos isquiotibiais.

Posição inicial 3

Posição inicial: O cliente se senta com uma ou ambas as pernas estendidas.
Movimento: O cliente tenta alcançar os dedos dos pés, mantendo a coluna neutra. A posição de alongamento é mantida após o cliente sentir o alongamento nos isquiotibiais. Muitos clientes têm uma tendência a se curvar ou flexionar a coluna torácica ou lombar em vez de flexionar o quadril.

Posição inicial 4

Posição inicial: Em pé, o cliente coloca um pé sobre um pequeno degrau.
Movimento: O cliente se curva para frente em direção ao pé no degrau (como se tentasse tocar seus dedos do pé), flexionando os quadris. A posição de alongamento é mantida uma vez que ele sente o alongamento nos isquiotibiais. Novamente, o cliente deve manter a coluna neutra e o joelho estendido.

Técnicas de Alongamento Dinâmico para os Isquiotibiais

Quando uma pessoa está realizando um alongamento dinâmico, muitos músculos são treinados. Portanto, essa forma de alongamento é eficaz para aquecer o corpo metabolicamente antes do exercício ou do esporte.

Toque Cruzado da Ponta dos Pés

Posição inicial: O cliente fica em pé com o pés distantes na largura dos ombros.
Movimento: O cliente chuta para frente do corpo com uma perna reta tentando tocar o pé com a mão oposta.
Músculos: Este exercício de alongamento abrange os músculos do tronco, o músculo grande dorsal, os flexores do quadril, os glúteos máximo e médio, o reto femoral e os isquiotibiais. Especificamente, quando se executa este exercício, os isquiotibiais e os glúteos são alongados na perna que chuta, enquanto o músculo grande dorsal contralateral e os músculos do tronco são alongados dinamicamente.

Marcha com as Mãos

Posição inicial: O cliente assume uma posição com os dois pés e as duas mãos no chão.
Movimento: O cliente "caminha" com as mãos para longe do corpo tentando manter as pernas retas e os pés no chão. Quando o cliente já não consegue manter esta posição, ele anda com seus pés em direção às mãos. Essa sequência é repetida ao longo da distância desejada.
Músculos: Este exercício de alongamento aborda os músculos do tronco, os extensores do quadril, os abdutores do quadril e os isquiotibiais. Os extensores lombares (eretor de espinha), os glúteos máximo e médio e os isquiotibiais são alongados durante este padrão dinâmico de movimento.

Avanço com Marcha

Posição inicial: O cliente fica em pé com os quadris separados na largura dos ombros.

Movimento: O cliente dá um passo para frente, flexionando o quadril e o joelho da frente. O joelho da frente deve estar alinhado com o quadril e o pé, e a coxa deve estar paralela ao chão. O corpo é abaixado em direção ao solo até o ponto em que o joelho de trás quase toca o chão. A perna de trás é trazida para frente conforme o cliente fica em pé novamente. A sequência é repetida com a perna oposta dando um passo à frente. O cliente continua esse padrão, executando o agachamento com marcha durante 1 a 2 minutos.

Músculos: Esse movimento aborda os músculos do *core*, os músculos do quadril, o quadríceps e os isquiotibiais.

Variações: Para aumentar o desafio para os músculos abdominais, o cliente deve girar para o lado oposto da perna da frente. Para um desafio ainda maior, o cliente também pode segurar uma *medicine ball* leve nos braços estendidos.

Avanço com Marcha para Trás

Posição inicial: A mesma do avanço para frente.

Movimento: O cliente executa um movimento que se parece exatamente igual ao tradicional, exceto que a perna de trás inicia o movimento com um passo atrás. O avanço com marcha para trás deve ser executado de 1 a 2 minutos.

Músculos: Este movimento aborda os músculos do *core*, os músculos do quadril, o quadríceps e os isquiotibiais.

Técnicas de Alongamento por FNP para os Isquiotibiais

Sustentar-Relaxar (SR)

• Peça para o cliente deitar em decúbito dorsal.
• Alongue passivamente seus isquiotibiais (o joelho deve permanecer estendido) até que ele sinta o alongamento. Essa primeira posição final deve ser mantida por até 10 segundos.
• Peça para o cliente contrair isometricamente seus isquiotibiais por até 10 segundos enquanto você aplica uma força correspondente na direção contrária.
• Quando o cliente relaxar a contração, você deve imediatamente alongar o músculo de forma passiva além da primeira posição de alongamento. Mantenha esse alongamento por 30 segundos.
• Realizar 2 a 4 repetições por músculo ou grupo muscular.

Contração do Agonista

- Peça para o cliente deitar em decúbito dorsal.
- Alongue passivamente os isquiotibiais do cliente. Mantenha esse alongamento por 10 segundos.
- Após sustentar por 10 segundos, instrua o cliente a contrair os flexores do quadril enquanto você oferece resistência à flexão do quadril por 6 a 10 segundos (segunda foto).
- Após a contração isométrica (flexão do quadril), você deve, mais uma vez, flexionar passivamente o quadril do cliente para alongar os isquiotibiais. Mantenha o alongamento por 30 segundos.
- Realizar 2 a 4 contrações do agonista por músculo ou grupo muscular.

Contrair-Relaxar

- Peça para o cliente deitar em decúbito dorsal.
- Alongue passivamente os isquiotibiais do cliente. Mantenha esse alongamento por 10 segundos.
- Em seguida, instrua o cliente a contrair os isquiotibiais, enquanto você oferece alguma resistência ao movimento.
- Ao final da extensão do quadril, imediatamente alongue os isquiotibiais do cliente de forma passiva além da primeira posição de alongamento. Mantenha esse alongamento por 30 segundos. Realizar 2 a 4 repetições por músculo ou grupo muscular.

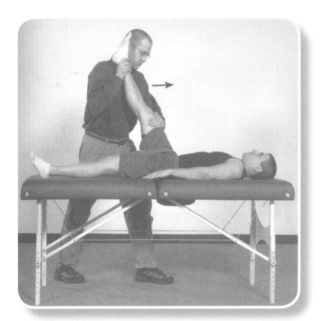

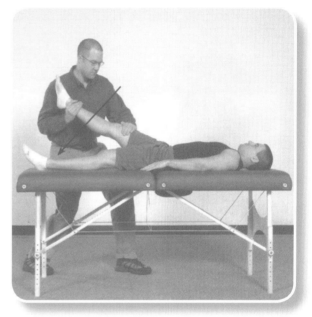

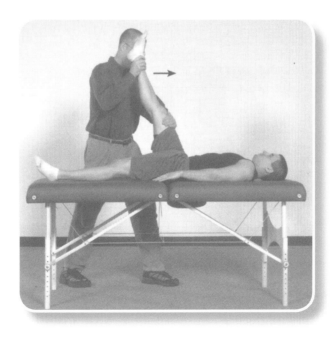

Sustetar-Relaxar com Contração do Agonista

Esta técnica combina a técnica de sustentar-relaxar com uma contração adicional do agonista.
• Peça para o cliente deitar em decúbito dorsal.
• Alongue passivamente seus isquiotibiais até o limite articular. Mantenha esse alongamento por 10 segundos.
• Depois que o cliente executa a contração isométrica dos isquiotibiais (10 segundos), ele deve permitir que os isquiotibiais relaxem. O cliente deve, em seguida, imediatamente começar a flexionar o quadril (agonista) de forma ativa contra a resistência.
• Depois de 6 a 10 segundos, o cliente deve relaxar todos os grupos musculares, o que lhe permitirá alongar mais os isquiotibiais. Mantenha o alongamento por 30 segundos.
• Repita essa técnica de 2 a 4 vezes para maximizar a flexibilidade muscular.

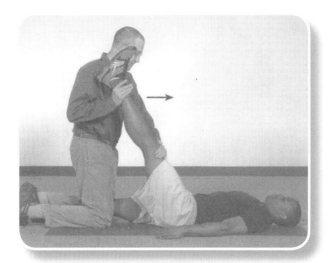

Aplicação de Rolo de Espuma para os Isquiotibiais

Posição inicial: O cliente coloca a perna com os isquiotibiais a serem alongados sobre o rolo de espuma. Ele irá, então, cruzar a perna oposta, apoiando o pé oposto sobre a perna.
Movimento: O cliente rola a perna ao longo do comprimento dos isquiotibiais.

Alongando o Quadríceps

Técnica de Alongamento Estático para o Quadríceps

Posição inicial: O cliente fica em pé, ereto, com uma mão (a mão oposta à perna a ser alongada) apoiada sobre uma superfície estável para ajudar a manter o equilíbrio.
Movimento: O cliente flexiona o joelho em direção à nádega, segurando o pé. Ele puxa o calcanhar em direção aos glúteos, em seguida, sustenta esta posição. A coluna e o quadril devem ser mantidos em posição neutra e os joelhos devem permanecer no mesmo plano.
Variações: Este mesmo alongamento pode ser executado com o cliente deitado de lado. O profissional de treinamento de força pode conseguir alongar manualmente o quadríceps do cliente quando ele está em uma posição pronada. Para fazer isso, segure o tornozelo, levando-o lentamente em direção ao glúteo do cliente. Mantenha a posição por 30 segundos depois que o cliente perceber que está sentindo o alongamento ou quando você notar que o quadril começa a se elevar da mesa.

Técnicas de Alongamento Dinâmico para o Quadríceps

Avanço com Marcha (ver p. 98).
Avanço com Marcha para Trás (ver p. 98).

Técnicas de Alongamento por FNP para o Quadríceps

Sustentar-Relaxar (SR)

- Peça para o cliente deitar em decúbito ventral.
- Segure o tornozelo do cliente e, em seguida, flexione passivamente seu joelho (aproximando o pé do glúteo).
- Alongue o quadríceps do cliente até que ele sinta o alongamento. Essa primeira posição final deve ser mantida por até 10 segundos.
- Peça ao cliente para contrair isometricamente o músculo quadríceps por até 10 segundos enquanto você aplica uma força correspondente na direção oposta.
- Quando o cliente relaxar a contração, você deve imediatamente alongar o músculo de forma passiva além da posição inicial de alongamento, aproximando o pé da nádega. Mantenha este alongamento por 30 segundos.
- Realizar 2 a 4 repetições por músculo ou grupo muscular.

Contração do Agonista

- Peça para o cliente deitar em decúbito ventral.
- Alongue passivamente o quadríceps do cliente (como descrito anteriormente para a técnica de sustentar-relaxar) até que ele sinta o alongamento. Mantenha esse alongamento por 10 segundos.
- Após sustentar por 10 segundos, instrua o cliente a contrair os isquiotibiais enquanto você oferece resistência à flexão do joelho por 6 a 10 segundos.
- Após a contração isométrica dos isquiotibiais, você deve, mais uma vez, flexionar passivamente o joelho do cliente para alongar o quadríceps. Mantenha o alongamento por 30 segundos.
- Realizar 2 a 4 contrações do agonista por músculo ou grupo muscular.

Sustentar-Relaxar com Contração do Agonista

- Peça para o cliente deitar em decúbito ventral.
- Alongue passivamente o quadríceps do cliente até que ele sinta o alongamento. Mantenha esse alongamento por 10 segundos.
- Depois que o cliente executa a contração isométrica do quadríceps (10 segundos), ele deve relaxar. Em seguida, o cliente deve começar a imediatamente contrair os isquiotibiais (agonista) de forma ativa contra a resistência.
- Depois de 6 a 10 segundos, o cliente deve relaxar todos os grupos musculares, o que permitirá que você alongue ainda mais o quadríceps. Mantenha esse alongamento por 30 segundos.
- Repita essa técnica de 2 a 4 vezes para maximizar a flexibilidade muscular.

Aplicação de Rolo de Espuma para o Quadríceps

Posição inicial: O cliente deve se posicionar em decúbito ventral com o quadríceps apoiado sobre o rolo de espuma; os dois antebraços apoiam a parte superior do corpo.
Movimento: Usando a parte superior de seu corpo, o cliente rola ao longo do comprimento do quadríceps.

Alongando o Tensor da Fáscia Lata (TFL) e a Banda Iliotibial (BIT)

O músculo tensor da fáscia lata (TFL) surge da parte superior anterior da pélvis e ele se insere na banda iliotibial (BIT). A BIT é uma estrutura tendínea que se estende desde o glúteo máximo e o tensor da fáscia lata. A BIT se insere na cabeça da fíbula, no retináculo lateral da patela e no tubérculo de Gerdy no aspecto lateral da tíbia (Paluska, 2005; Messier et al., 1995). A dor nessa região lateral é comum para certos tipos de atletas como corredores de distância.

A irritação da BIT (conhecida como síndrome da banda iliotibial) é uma fonte de dor para aqueles que aumentam seu treinamento muito rapidamente e para aqueles que treinam incorretamente. Os programas de tratamento incluem alongar a BIT como um componente importante de um programa de reabilitação abrangente. O conjunto de alongamentos a seguir abordará o tensor da fáscia lata e a banda iliotibial.

Técnicas de Alongamento Estático para o TFL e a BIT

Posição inicial: O cliente fica em pé perto de uma parede e usa o braço mais próximo à parede como suporte. A perna mais próxima à parede é cruzada atrás da outra.
Movimento: Para criar o alongamento, o cliente curva o tronco lateralmente para longe da parede.
Variações: O cliente é posicionado na mesma posição inicial. Ele une suas mãos acima da cabeça. Para criar o alongamento, o cliente se inclina para o lado oposto àquele que está sendo alongado, mantendo seus braços estendidos sobre a cabeça. Pesquisadores concluíram que esta posição é a melhor para aumentar o comprimento da BIT (Fredericson et al., 2002).

Técnicas de Alongamento Dinâmico para o TFL e a BIT

Marcha com Rotação Lateral

Posição inicial: O cliente fica em pé com as pernas separadas aproximadamente na largura dos ombros.
Movimento: Primeiro, o cliente levanta o joelho para o lado de fora e, em seguida, balança o pé à frente do corpo para dar o próximo passo.
Músculos: Esse alongamento dinâmico envolve os flexores do quadril, os abdutores de quadril, os rotadores externos do quadril, o TFL e o quadríceps.

Técnicas de Alongamento por FNP para o TFL e a BIT

Ver as técnicas por FNP para os rotadores internos e externos do quadril (p. 112).

Aplicação de Rolo de Espuma para a Banda Iliotibial

Posição inicial: O cliente se deita em decúbito lateral sobre o rolo de espuma. Ele flexiona o quadril da perna de cima e a posiciona de modo que o pé fique à frente da perna de baixo.
Movimento: O cliente rola seu corpo no comprimento da perna superior (da parte superior da pélvis até um ponto logo abaixo da articulação do joelho).

Alongando Glúteo Máximo

Técnicas de Alongamento Estático para o Glúteo Máximo

Posição inicial: O cliente se deita no chão com os dois joelhos flexionados. Uma perna é cruzada sobre a coxa da outra perna.
Movimento: Usando as duas mãos, o cliente segura a parte de trás do joelho da perna de baixo, puxando as pernas em direção ao tronco. Então, o cliente mantém esta posição.

Técnicas de Alongamento Dinâmico para o Glúteo Máximo

Avanço com Marcha (ver p. 98).
Avanço com Marcha para Trás (ver p. 98).
Toque Cruzado da Ponta dos Pés (ver p. 97).
Marcha com as Mãos (ver p. 97).

Técnicas de Alongamento por FNP para o Glúteo Máximo

Sustentar-Relaxar (SR)

- Peça para o cliente deitar em decúbito dorsal.
- Segure a perna do cliente na coxa e na panturrilha.
- Levante a perna em direção ao peito, flexionando o quadril e o joelho conforme rotaciona o quadril. Leve o pé em direção

à linha mediana, até que o cliente sinta o alongamento muscular. Esta primeira posição de alongamento deve ser mantida por até 10 segundos.
• Peça ao cliente para contrair isometricamente o glúteo máximo por até 10 segundos enquanto você aplica uma força correspondente no sentido contrário.
• Quando o cliente relaxar a contração, você deve imediatamente alongar o músculo de forma passiva além da primeira posição alongamento. Mantenha este alongamento por 30 segundos.
• Realizar 2 a 4 repetições por músculo ou grupo muscular.

Contração do Agonista

• Peça para o cliente deitar em decúbito dorsal.
• Segure a perna do cliente na coxa e na panturrilha.
• Levante a perna na direção do peito, flexionando o quadril e o joelho conforme rotaciona a perna. Leve o pé em direção à linha mediana até que o cliente sinta o alongamento. Mantenha esse alongamento por 10 segundos.
• Após sustentar por 10 segundos, instrua o cliente a contrair os flexores e os rotadores internos do quadril enquanto você oferece resistência a este movimento durante 6 a 10 segundos.
• Após essa contração isométrica, você deve, mais uma vez, flexionar passivamente e rotacionar externamente o quadril do cliente para alongar o glúteo máximo. Mantenha o alongamento por 30 segundos.
• Executar 2 a 4 contrações do agonista por músculo ou grupo muscular.

Sustentar-Relaxar com Contração do Agonista

• Peça para o cliente deitar em decúbito dorsal.
• Alongue passivamente o glúteo máximo do cliente até que ele sinta o alongamento. Mantenha esse alongamento por 10 segundos.
• Depois que o cliente executa a contração isométrica (10 segundos), ele deve permitir que o glúteo máximo relaxe. Em seguida, deve imediatamente começar a flexionar ativamente e a girar internamente o quadril (o movimento agonista) contra a resistência.
• Depois de 6 a 10 segundos, o cliente deve relaxar todos os grupos musculares, o que permitirá que você alongue mais o glúteo máximo. Mantenha esse alongamento por 30 segundos.
• Repita esta técnica de 2 a 4 vezes para maximizar a flexibilidade muscular.

Aplicação de Rolo de Espuma para o Glúteo Máximo

Posição inicial: O cliente se senta sobre o rolo de espuma. Deslocando o peso para um lado, o cliente pode concentrar o alongamento em uma nádega.
Movimento: O cliente rola do isquiotibial até a lombar passando pelos glúteos.

Alongando os Flexores do Quadril

Técnicas de Alongamento Estático para os Flexores do Quadril

Alongamento de Joelhos para o Flexor do Quadril

Posição inicial: O cliente posiciona um joelho à frente, mantendo o joelho de trás apoiado no chão.
Movimento: O cliente desloca o peso de seu corpo para frente. Ele sentirá um alongamento no quadril anterior e no quadríceps da perna de trás.

Técnicas de Alongamento Dinâmico para os Flexores do Quadril

Avanço com Marcha (ver p. 98).
Avanço com Marcha para Trás (ver p. 98).
Toque Cruzado da Ponta dos Pés (ver p. 97).

Técnicas de Alongamento por FNP para os Flexores do Quadril

Sustentar-Relaxar (SR)

• Peça para o cliente deitar em decúbito ventral.
• Coloque uma mão na lombar do cliente e a outra mão em sua coxa (logo acima do joelho).
• Alongue suavemente o quadril anterior e a coxa anterior puxando a perna para longe da superfície. Esta primeira posição de alongamento deve ser mantida por até 10 segundos.
• Peça para o cliente contrair isometricamente os flexores do quadril por até 10 segundos enquanto você aplica uma força correspondente no sentido contrário.
• Quando o cliente relaxar a contração, você deve imediatamente alongar o músculo de forma passiva além da primeira posição de alongamento. Mantenha esse alongamento por 30 segundos.
• Realizar 2 a 4 repetições por músculo ou grupo muscular.

Contração do Agonista

- Peça para o cliente deitar em decúbito ventral.
- Apoie uma mão na lombar do cliente e a outra em sua coxa (logo acima do joelho).
- Alongue suavemente o quadril anterior e a coxa anterior puxando a perna para longe da superfície. Essa primeira posição de alongamento deve ser mantida por até 10 segundos.
- Após sustentar por 10 segundos, instrua o cliente a contrair os extensores do quadril (glúteo máximo) (diga "tente elevar sua perna para o alto sem estender a coluna") enquanto você oferece resistência a este movimento (deslize sua mão da frente da coxa para a parte de trás) por 6 a 10 segundos.
- Após essa contração isométrica, você deve, mais uma vez, alongar passivamente o cliente, sustentando por 30 segundos.
- Executar 2 a 4 contrações do agonista por músculo ou grupo muscular.

Sustentar-Relaxar com Contração do Agonista

- Peça para o cliente assumir uma posição pronada no chão ou em uma esteira.
- Apoie uma mão na lombar do cliente e a outra em sua coxa (logo acima do joelho).
- Estique suavemente o quadril anterior e a coxa anterior, puxando a perna para longe da superfície. Esta primeira posição de alongamento deve ser sustentada por até 10 segundos.
- Depois que o cliente executa a contração isométrica (10 segundos), ele deve permitir que os flexores do quadril relaxem. O cliente deve, então, contrair imediatamente os extensores do quadril (agonista) de forma ativa contra a resistência.
- Depois de 6 a 10 segundos, o cliente deve relaxar todos os grupos musculares, o que permitirá que você alongue mais os adutores do quadril. Mantenha esse alongamento por 30 segundos.
- Repita esta técnica de 2 a 4 vezes para maximizar a flexibilidade muscular.

Aplicação de Rolo de Espuma para os Adutores do Quadril

Posição inicial: O cliente fica parcialmente em decúbito lateral com a coxa da perna a ser alongada apoiada sobre o rolo de espuma. O cliente deve se sustentar com a mão do lado a ser alongado (mão ipsilateral) e com o antebraço e o cotovelo do lado oposto (contralateral).

Movimento: O cliente rola sua coxa interior pelo rolo de espuma do quadril interno ao joelho.

Alongando os Adutores do Quadril

Os adutores do quadril surgem da pélvis e consistem dos músculos da coxa interna.

Técnicas de Alongamento Estático para os Adutores do Quadril

Alongamento Supino de Adutor

Posição inicial: O cliente se deita em uma posição supina. Os quadris são rotacionados externamente e os pés estão posicionados juntos.
Movimento: O cliente permite que os dois joelhos se abaixem em direção ao solo.

Alongamento Sentado de Virilha

Posição inicial: O cliente se senta no chão com as solas dos dois pés juntas e puxadas para perto do corpo.
Movimento: O cliente segura os tornozelos com as duas mãos e usa os cotovelos para pressionar os joelhos em direção ao solo.

Agachamento Lateral de Joelhos

Posição inicial: O cliente se ajoelha no chão com um lado do quadril rotacionado externamente para que o pé aponte para o lado.
Movimento: O cliente desloca o peso de seu corpo em direção ao pé de apoio.

Técnicas de Alongamento Dinâmico para os Adutores do Quadril

Alongamento de Agachamento Lateral

Posição inicial: O cliente fica com os pés afastados na largura dos ombros e as mãos sobre os quadris. Os pés estão ligeiramente rotacionados para fora, ajudando a manter o pé, o joelho e o quadril alinhados.

Movimento: O cliente inclina lateralmente. Ele deve manter essa posição por 30 segundos, sentindo um alongamento na parte interna da coxa da perna oposta. Em seguida, o cliente (agachado) leva perna esticada em direção à linha mediana e retorna à posição inicial. Ele deve repetir este movimento pelo menos 2 vezes em uma direção; e, em seguida, inverter a direção e repetir pelo menos 2 vezes.

Técnicas de Alongamento por FNP para os Adutores do Quadril

Sustentar-Relaxar (SR)

- Peça para o cliente se deitar em decúbito dorsal com os joelhos flexionados.
- Apoie suas mãos no interior de cada uma das coxas do cliente ou logo acima do joelho.
- Alongue suavemente a coxa interna direcionando cada perna em direção ao solo até que o cliente sinta o alongamento da musculatura. Essa primeira posição de alongamento deve ser mantida por até 10 segundos.
- Peça para o cliente contrair isometricamente os adutores do quadril por até 10 segundos enquanto você aplica uma força correspondente no sentido contrário.
- Quando o cliente relaxar a contração, você deve imediatamente alongar o músculo de forma passiva além da primeira posição de alongamento, aumentando a adução do quadril. Mantenha esse alongamento por 30 segundos.
- Realizar 2 a 4 repetições por músculo ou grupo muscular.

Contração do Agonista

- Peça para o cliente se deitar em decúbito dorsal com os joelhos dobrados.
- Apoie suas mãos no interior de cada uma das coxas do cliente ou logo acima do joelho.
- Alongue suavemente a coxa interna empurrando cada perna em direção ao solo até que o cliente sinta o alongamento. Mantenha o alongamento por 10 segundos.
- Após sustentar por 10 segundos, instrua o cliente a contrair os músculos laterais do quadril (diga "tente empurrar seus joelhos para o chão") enquanto você oferece resistência a este movimento (coloque suas mãos na lateral de cada joelho) por 6 a 10 segundos.
- Após essa contração isométrica, você deve, mais uma vez, aduzir passivamente o quadril do cliente para alongar a coxa interior. Mantenha o alongamento por 30 segundos.
- Executar de 2 a 4 contrações do agonista por músculo ou grupo muscular.

Avaliação e Treinamento do *Core*

Sustentar-Relaxar com Contração do Agonista

• Peça para o cliente se deitar em decúbito dorsal com os joelhos flexionados.
• Alongue passivamente os adutores do quadril (coxa interna) do cliente até que ele sinta o alongamento. Mantenha esse alongamento por 10 segundos.
• Depois que o cliente executar a contração isométrica (10 segundos), ele deve permitir que o adutores do quadril relaxem. O cliente deve, então, imediatamente contrair os músculos laterais do quadril (agonista) ativamente contra a resistência.
• Depois de 6 a 10 segundos, o cliente deve relaxar todos os grupos musculares, o que permitirá que você alongue mais os adutores do quadril. Mantenha esse alongamento por 30 segundos.
• Repita essa técnica de 2 a 4 vezes para maximizar a flexibilidade muscular.

Alongando o Piriforme (e os Rotadores Externos Profundos do Quadril)

Técnicas de Alongamento Estático para o Piriforme

Posição inicial: O cliente se deita em decúbito dorsal com os joelhos flexionados a 90°.
Movimento: O cliente cruza um joelho por cima do outro. Com as duas mãos, ele segura atrás do joelho da perna de baixo. Em seguida, puxa os joelhos em direção ao peito, sustentando o alongamento por até 30 segundos.

Técnicas de Alongamento Dinâmico para o Piriforme

Marcha com rotação lateral (ver p. 105).

Técnicas de Alongamento por FNP para o Piriforme (e os Rotadores Internos e Externos do Quadril)

A discussão a seguir descreve as técnicas de FNP para o músculo piriforme e para os rotadores externos profundos do quadril. A FNP para a rotação interna do quadril pode ser executada da mesma maneira, mas na direção oposta.

Sustentar-Relaxar (SR)

• Peça para o cliente deitar em decúbito dorsal com as pernas estendidas.
• Eleve uma das pernas do cliente, flexionando o quadril a 90° e segurando o joelho a um ângulo de 90°.
• Para executar o alongamento, mantenha a posição 90-90 de quadril e joelho enquanto rotaciona o pé em direção à linha mediana. Esta primeira posição de alongamento deve ser sustentada por até 10 segundos.
• Peça para o cliente contrair isometricamente os músculos do quadril tentando girar a perna para longe da linha mediana. O cliente mantém esta posição por 10 segundos enquanto você aplica uma força correspondente no sentido contrário.
• Quando o cliente relaxar a contração, você deve imediatamente alongar o músculo de forma passiva além da primeira posição, aumentar o alongamento do piriforme. Mantenha este alongamento por 30 segundos.
• Realizar 2 a 4 repetições por músculo ou grupo muscular.

Contração do Agonista

- Peça para o cliente se posicionar em decúbito dorsal com as pernas estendidas.
- Eleve manualmente uma das pernas do cliente, flexionando o quadril a 90° e segurando o joelho a um ângulo de 90°.
- Para executar o alongamento, mantenha a posição 90-90 de quadril e joelho enquanto rotaciona o pé em direção à linha mediana. Mantenha o alongamento por 10 segundos.
- Após sustentar por 10 segundos, instrua o cliente a contrair o quadril (diga "tente girar seu pé em direção à linha mediana") enquanto você oferece resistência a este movimento (coloque as mãos sobre o lado medial da perna) por 6 a 10 segundos.
- Após essa contração isométrica, você deve, mais uma vez, girar passivamente o quadril do cliente rotacionando seu pé em direção à linha mediana para esticar o piriforme. Mantenha o alongamento por 30 segundos.
- Executar 2 a 4 contrações do agonista por músculo ou grupo muscular.

Sustentar-Relaxar com Contração do Agonista

- Peça para o cliente se posicionar em decúbito dorsal com as pernas estendidas.
- Eleve uma das pernas do cliente, flexionando o quadril a 90° e segurando o joelho a um ângulo de 90°.
- Para executar o alongamento, mantenha a posição 90-90 de quadril e joelho enquanto rotaciona o pé em direção à linha mediana. Esta primeira posição de alongamento deve ser sustentada por até 10 segundos.
- Depois que o cliente realizar a contração isométrica (10 segundos), ele deve permitir que os músculos do quadril relaxem. Ele deve, então, contrair imediatamente o grupo agonista de forma ativa contra a resistência.
- Depois de 6 a 10 segundos, o cliente deve relaxar todos os grupos musculares, o que permitirá que você alongue mais o piriforme. Mantenha este alongamento por 30 segundos.
- Repita esta técnica de 2 a 4 vezes para maximizar a flexibilidade muscular.

Aplicação de Rolo de Espuma para o Piriforme

Posição inicial: O cliente está sentado como mostrado na Figura, inclinando-se em direção ao lado do quadril a ser alongado. O pé do mesmo lado (mesmo lado do quadril a ser alongado) é cruzado sobre o joelho oposto.
Movimento: O cliente rola para frente e para trás com a região posterior.

Alongando os Músculos da Lombar

Técnicas de Alongamento Estático para os Músculos da Lombar

Rotação de Tronco

Posição inicial: O cliente se deita em decúbito dorsal com os membros inferiores dobrados (quadris flexionados a 45° e joelhos, a 90°).
Movimento: O cliente gira os joelhos em direção ao solo, mantém o alongamento durante o tempo desejado e, em seguida, retorna à posição inicial. Esse alongamento deve ser realizado dos dois lados.

Alongamento Joelho sobre o Peito

Posição inicial: O cliente se deita em decúbito dorsal com os joelhos flexionados.
Movimento: O cliente segura a parte de trás dos dois joelhos, puxando-os em direção ao peito. Ele deve manter o alongamento por até 30 segundos.

Alongamento de Oração (e Alogamento de Oração com Flexão Lateral)

Posição inicial: O cliente se posiciona em quarto apoios.
Movimento: O cliente se senta sobre os calcanhares com os braços estendidos à frente. Para enfatizar um dos lados do tronco, o cliente pode manter a posição de alongamento enquanto "caminha" com as mãos para o lado oposto (oposto ao lado alongado).

Posição da Cobra

Posição inicial: O cliente se deita em decúbito dorsal.
Movimento: O cliente usa os braços para erguer seu tronco do chão. Os músculos abdominais devem permanecer na superfície e os músculos das costas devem estar relaxados. O cliente mantém a posição por 30 segundos.

Técnicas de Alongamento Dinâmico para os Músculos da Lombar

Avanço com Marcha (ver p. 98).
Avanço com Marcha para Trás (ver p. 98).
Marcha com as Mãos (ver p. 97).

Aplicação de Rolo de Espuma para os Músculos da Lombar

Posição inicial: O cliente se deita sobre o rolo de espuma, apoiando a parte superior do corpo com os dois braços.
Movimento: Usando os braços e pernas, o cliente rola ao longo do comprimento da lombar.

Alongando os Músculos Abdominais

Técnicas de Alongamento Estático para os Músculos Abdominais

Posição inicial 1

Posição inicial: O cliente se deita em decúbito dorsal (essa é a mesma que a posição da cobra).
Movimento: O cliente usa os braços para empurrar o tronco para cima, mantendo o quadril e a pélvis no chão.

Posição inicial 2

Posição inicial: O cliente se deita no chão com as pernas flexionadas.
Movimento: O cliente gira as extremidades inferiores para o lado, sustentando o alongamento por 30 segundos. O cliente deve executar esse alongamento dos dois lados.

Técnicas de Alongamento Dinâmico para os Músculos Abdominais

Avanço com Marcha (ver p. 98).
Avanço com Marcha com Rotação do Tronco (ver p. 98).

Técnicas de Alongamento por FNP para os Músculos Abdominais

Sustentar-Relaxar (SR)

- Peça para o cliente se deitar em decúbito dorsal e com as pernas flexionadas no chão ou em uma esteira.
- Rotacione as extremidades inferiores do cliente para o lado. Você deve apoiar uma mão no ombro do cliente para estabilizar o *core*. Sua outra mão deve estar nos joelhos dele para orientar a rotação do dorso. Para executar o alongamento, mantenha esta posição. Esta primeira posição de alongamento deve ser mantida por até 10 segundos.
- Peça para o cliente contrair isometricamente os músculos abdominais, tentando rotacionar suas pernas em direção ao

centro. O cliente deve manter essa posição por 10 segundos enquanto você aplica uma força correspondente no sentido contrário.

• Quando o cliente relaxar a contração, você deve imediatamente alongar ainda mais os músculos do cliente de forma passiva dentro da amplitude de rotação disponível. Sustente esse alongamento por 30 segundos.

• Realizar 2 a 4 repetições por músculo ou grupo muscular.

Contração do Agonista

• Peça para o cliente se deitar em decúbito dorsal, com as pernas flexionadas no chão ou em uma esteira.

• Rotacione as extremidades inferiores do cliente para o lado. Você deve apoiar uma mão no ombro do cliente para estabilizar o *core*. Sua outra mão deve estar nos joelhos do cliente para orientar a rotação do tronco. Para executar o alongamento, mantenha esta posição. Esta primeira posição de alongamento deve ser mantida por até 10 segundos.

• Após sustentar por 10 segundos, instrua o cliente a contrair os músculos abdominais tentando rotacionar suas pernas em direção ao solo enquanto você oferece resistência a este movimento (coloque suas mãos na parte lateral da panturrilha) por 6 a 10 segundos.

• Após essa contração isométrica, você deve, mais uma vez, girar passivamente o cliente em direção ao solo. Mantenha o alongamento por 30 segundos.

• Executar 2 a 4 contrações do agonista por músculo ou grupo muscular.

Sustentar-Relaxar com Contração do Agonista

• Peça para o cliente se deitar em decúbito dorsal e com as pernas flexionadas no chão ou em uma esteira.

• Rotacione as extremidades inferiores do cliente para o lado. Você deve apoiar uma mão no ombro do cliente para estabilizar o *core*. Sua outra mão deve estar nos joelhos do cliente para orientar a rotação do tronco. Para executar o alongamento, mantenha esta posição. Esta primeira posição de alongamento deve ser mantida por até 10 segundos.

• Depois que o cliente executar a contração isométrica (10 segundos), ele deve permitir que os músculos abdominais relaxem. O cliente deve imediatamente contrair o grupo agonista de forma ativa contrarresistência.

• Depois de 6 a 10 segundos, o cliente deve relaxar todos os grupos musculares, o que permitirá que você alongue ainda mais os músculos abdominais do cliente. Mantenha o alongamento por 30 segundos.

• Repita esta técnica 2 a 4 vezes para maximizar a flexibilidade muscular.

Aplicação de Rolo de Espuma para os Músculos Abdominais

Em razão da proximidade dos órgãos abdominais, não é recomendado usar o rolo de espuma nessa região.

Alongando o Músculo Latíssimo Dorsal

Técnica de Alongamento Estático para o Músculo Latíssimo Dorsal

Posição inicial: O cliente se ajoelha no chão com os cotovelos estendidos à frente do corpo (esse é o mesmo que o Alongamento de Oração).
Movimento: O cliente se senta sobre os calcanhares, mantendo o tronco o mais próximo possível do chão.

Técnica de Alongamento Dinâmico para o Músculo Latíssimo Dorsal

Marcha com as Mãos (ver p. 97).

Técnicas de Alongamento por FNP para o Músculo Latíssimo Dorsal

Sustentar-Relaxar (SR)

• Peça para o cliente se sentar em uma cadeira ou no chão.
• Use uma mão para apoiar a extremidade superior do corpo do cliente, segurando o braço (o ombro deve estar flexionado ao máximo e o cotovelo, a 90°). Use a outra mão para estabilizar o tronco do cliente, apoiando do lado oposto do tronco.
• Para executar o alongamento, guie delicadamente o braço do cliente para trás da cabeça até que ele sinta um alongamento no músculo grande dorsal. Esta primeira posição de alongamento deve ser sustentada por até 10 segundos.
• Peça para o cliente contrair isometricamente o músculo grande dorsal, tentando puxar o braço em direção à lateral do corpo. Ele deve manter esta posição por até 10 segundos enquanto você aplica uma força correspondente no sentido contrário.
• Quando o cliente relaxar a contração, você deve imediatamente estender seu braço de forma passiva além da primeira posição de alongamento, aumentando o alongamento do músculo grande dorsal. Mantenha este alongamento por 30 segundos.
• Realizar 2 a 4 repetições por músculo ou grupo muscular.

Contração do Agonista

• Peça para o cliente se sentar em uma cadeira ou no chão.
• Use uma mão para apoiar a extremidade superior do corpo do cliente, segurando o braço (o ombro deve estar completamente flexionado e o cotovelo, a 90°). Use a outra mão para estabilizar o tronco do cliente, apoiando do lado oposto do tronco.
• Para executar o alongamento, guie delicadamente o braço do cliente para trás da cabeça até que ele sinta um alongamento no músculo latíssimo dorsal. Esta primeira posição de alongamento deve ser sustentada por até 10 segundos.
• Após sustentar por 10 segundos, instrua o cliente a mover o braço para trás da cabeça enquanto você oferece resistência a este movimento (apoie sua mão sobre a região medial do braço) por 6 a 10 segundos.
• Após essa contração isométrica, você deve, mais uma vez, alongar passivamente músculo grande dorsal do cliente. Mantenha o alongamento por 30 segundos.
• Executar 2 a 4 contrações do agonista por músculo ou grupo muscular.

Sustentar-Relaxar com Contração do Agonista

- Peça para o cliente se sentar em uma cadeira ou no chão.
- Use uma mão para apoiar a extremidade superior do corpo do cliente, segurando o braço (o ombro deve estar completamente flexionado e o cotovelo, a 90°). Use a outra mão para estabilizar o tronco do cliente, apoiando do lado oposto do tronco.
- Para executar o alongamento, guie delicadamente o braço do cliente para trás da cabeça até que ele sinta um alongamento no músculo grande dorsal. Esta primeira posição de alongamento deve ser sustentada por até 10 segundos.
- Peça para o cliente contrair isometricamente o músculo grande dorsal tentando puxar o braço em direção à lateral do corpo. Ele deve sustentar esta posição por 10 segundos enquanto você aplica uma força correspondente no sentido contrário.
- Depois que o cliente executar a contração isométrica (10 segundos), ele deve permitir que o músculo grande dorsal relaxe. Em seguida, deve contrair imediatamente o grupo agonista de forma ativa contra a resistência.
- Depois de 6 a 10 segundos, o cliente deve relaxar todos os grupos musculares, o que permitirá que você alongue ainda mais o músculo grande dorsal. Mantenha o alongamento por 30 segundos.
- Repita esta técnica de 2 a 4 vezes para maximizar a flexibilidade muscular.

Aplicação de Rolo de Espuma para o Músculo Latíssimo Dorsal

A aplicação de rolo de espuma, a seguir, aborda o músculo latíssimo dorsal e a região superior das costas em geral.
Posição inicial: O cliente é posicionado com a parte superior das costas apoiada sobre o rolo de espuma. O quadril deve estar flexionado a cerca de 45°, os joelhos dobrados a cerca de 90° e os pés apoiados sobre o chão.
Movimento: Usando as pernas e braço contralateral, o cliente rola da parte superior das costas (axila) até a região intermediária das costas.

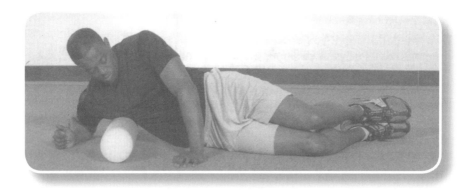

RESUMO

A flexibilidade ótima é essencial para todos os clientes, atletas e pacientes. Ter uma flexibilidade do *core* melhorada ajudará trabalhadores manuais a usar posturas de elevação adequadas. Corrigir os déficits de flexibilidade pode ajudar atletas a melhorar seu desempenho esportivo. E, aumentar a amplitude de movimento, ajudará pacientes a se recuperarem de cirurgias ortopédicas.

No entanto, muitos clientes não incorporam exercícios de flexibilidade em seu programa de treinamento. Mesmo aqueles que se alongam, muitas vezes o fazem raramente ou executam as técnicas incorretamente. O papel do profissional de *fitness* é identificar déficits potenciais e, então, aplicar o modo ideal de alongamento para maximizar a flexibilidade do cliente. O profissional de *fitness* também deve se manter a par das tendências mais recentes em flexibilidade, comparando essas novas abordagens às técnicas baseadas em dados de pesquisa ou aos avanços científicos relatados na literatura de pesquisa.

8
Treinamento Pliométrico

A inclusão de exercícios pliométricos no programa de treinamento de um atleta é crucial para melhorar o desempenho esportivo. Esses exercícios, quando executados corretamente, são concebidos para desenvolver a potência explosiva em atletas.

HISTÓRIA DA PLIOMETRIA

Durante as décadas de 1960 e 1970, atletas de países do Leste Europeu e da União Soviética dominaram esportes olímpicos como atletismo, halterofilismo e ginástica (Chu, 1998; Chu e Cordier, 2000). A europeus orientais e os soviéticos estavam usando uma nova forma de exercício que ajudou a fornecer uma vantagem competitiva em esportes que exigem velocidade e potência. Essa nova forma de exercício foi chamada de método de choque ou treinamento de salto. Treinamento de salto (agora conhecido como pliometria) pode ser atribuído ao treinador e pesquisador da então União Soviética, Yuri Verkhoshansky. Suas publicações iniciais sobre treinamento de salto introduziram o resto do mundo aos benefícios da pliometria.

Fred Wilt, um técnico de atletismo norte-americano, mudou o nome do treinamento de salto para pliometria (Chu e Cordier, 2000). Chu descreve a pliometria como a forma de exercício que "permite que um músculo atinja força máxima no menor tempo possível" (Chu, 1998, p. 2). Isso tem implicações óbvias para os esportes. Por exemplo, uma atacante de basquete que consegue saltar alto e rápido provavelmente será capaz de ganhar o rebote de seu adversário. Em virtude de seu papel na vinculação de força a velocidade de movimento, o treinamento pliométrico deve ser incluído no programa de treinamento periodizado de qualquer atleta (Radcliffe e Farentinos, 1999; Potach e Chu, 2000).

A CIÊNCIA POR TRÁS DA PLIOMETRIA

Pesquisadores propuseram dois modelos para explicar como a pliometria aumenta o desenvolvimento da potência em atletas (Potach e Chu, 2000). No **modelo mecânico**, energia elástica (forma de energia criada quando uma estrutura é alongada [por exemplo, unidade de músculo e tendão]) é armazenada e posteriormente liberada no **componente elástico em série (SEC)**. O SEC consiste em um tendão e no tecido conjuntivo associado a ele. No **modelo neurofisiológico**, a estimulação de fusos musculares inicia uma resposta reflexa que basicamente contribui para um aumento na produção de força. O **fuso muscular**, um órgão proprioceptivo, responde a alterações na taxa e na magnitude de um estiramento aplicado a um músculo. Esse reflexo aumenta a atividade do músculo que foi alongado e, consequentemente, aumenta a força produzida.

Acredita-se que ambos os modelos contribuem simultaneamente para a produção de força, mas a porcentagem de contribuição de cada modelo é desconhecida (Potach e Chu, 2000).

Exercícios pliométricos, portanto, envolvem um "movimento rápido e potente usando um pré-alongamento (estiramento), ou contramovimento, que envolve o ciclo de alongamento-encurtamento" (Potach e Chu, 2000, p. 414). Usar o ciclo de alongamento-encurtamento, um dos reflexos mais rápidos no corpo humano, corretamente é a chave para maximizar os efeitos do treinamento pliométrico. As três fases do ciclo de alongamento-encurtamento são a fase excêntrica, a fase de amortização e a fase concêntrica. Em cada fase, aspectos dos modelos mecânico e neurofisiológico estão em jogo. Vamos examinar mais de perto os aspectos fisiológicos de cada fase.

A primeira fase, a fase excêntrica, ocorre quando o grupo muscular agonista é pré-estimado. É realizada uma contração excêntrica, aplicando um alongamento ao SEC. Neste ponto, os fusos musculares foram estimulados e o SEC é alongado, armazenando energia elástica (Potach e Chu, 2000). A segunda fase é a de amortização, que representa o período de tempo entre as fases excêntrica e concêntrica. Embora os pesquisadores não especifiquem exatamente quanto tempo deve durar a fase de amortização, é consensual que ela deve ser a mais curta possível (Chu, 1998). Desperdiçar tempo na transição da fase excêntrica para a fase concêntrica impedirá que o atleta aproveite o reflexo de alongamento e desperdiçará energia armazenada. Na fase final, a fase concêntrica, o atleta utiliza a energia libertada do SEC e a **potencialização**, valendo-se do reflexo de alongamento para maximizar a produção de força.

Um exemplo de exercício pliométrico (o salto em profundidade) pode ser usado para demonstrar o papel do músculo quadríceps durante cada fase do ciclo de alongamento-encurtamento. O atleta, inicialmente em pé sobre uma caixa, dá um passo para fora da caixa e para com os dois pés no chão. A posição de chegada do atleta cria uma contração excêntrica (ou alongamento) do músculo quadríceps. Após a chegada, o atleta deve executar um salto vertical imediatamente. O componente salto deste exercício pliométrico cria uma contração concêntrica (ou encurtamento) do quadríceps. O período crucial de tempo entre as fases excêntrica e concêntrica deste exercício é a fase de amortização. [1]

Dados de Pesquisa que Apoiam a Prescrição de Treinamentos Pliométricos

Realizou-se um estudo para determinar os efeitos de um programa de condicionamento físico sobre a velocidade da ponta do taco de golfistas da Divisão I da NCAA. Dezesseis golfistas (10 homens e 6 mulheres) participaram de um programa de treinamento supervisionado de força, potência e flexibilidade (Doan et al., 2006). Os golfistas se exercitaram três vezes por semana durante 11 semanas. O programa de treinamento incluiu dois exercícios pliométricos para o tronco: rotações de velocidade com *medicine ball* e lançamentos de *medicine ball* em pé. Os golfistas também realizaram um programa de fortalecimento do tronco em cada sessão. Observaram-se aumentos significativos de pré-teste para pós-teste em cada um dos testes de força, potência e flexibilidade. A velocidade do taco melhorou significativamente, aumentando o raio de distância de aproximadamente 4,9 metros (16 pés). Os pesquisadores concluíram que o programa (que consistia de treinamento de flexibilidade, treinamento de força e exercícios pliométricos) aumentou significativamente a velocidade do taco do golfista sem afetar o controle de distância de golfistas universitários.

Outros pesquisadores estudaram os efeitos de um treinamento de pesos e de um programa pliométrico sobre o desempenho no golf (Fletcher e Hartwell, 2004). Seis golfistas do sexo masculino participaram de um programa de treinamento de 8 semanas. A velocidade do taco e o raio de distância dos participantes foram testados antes e após o programa de treinamento. O programa de fortalecimento consistia dos seguintes exercícios para o tronco: abdominais, extensão das costas e flexões laterais. Também foram realizados quatro exercícios com a *medicine ball*: giros horizontais sentados e em pé, extensões das costas em pé e *swings* de golfe. O grupo controle não mostrou nenhuma mudança significativa, enquanto o grupo de treinamento demonstrou um aumento significativo ($p < 0,05$) na velocidade do taco e no raio de distância. Os pesquisadores pensaram que as mudanças no desempenho resultavam de um aumento da força muscular e de uma melhora da aceleração sequencial das partes do corpo, contribuindo para que uma maior velocidade final fosse aplicada à bola. Os pesquisadores concluíram que um treinamento de pesos e um programa pliométrico podem ajudar a aumentar a velocidade do taco e o raio de distância de golfistas.

---

[1] Embora esse exemplo se concentre especificamente no papel do músculo quadríceps, você não deve esquecer que músculos em toda a cadeia cinética inferior contribuem para essa função.

PRINCÍPIOS DO DESENVOLVIMENTO DE PROGRAMAS PLIOMÉTRICOS

Ao projetar um programa de treinamento pliométrico, você deve considerar cada uma das variáveis a seguir:

- **Local**. O local se refere à região do corpo a ser treinada. São definidos como partes inferior e superior do corpo e tronco.
- **Intensidade**. A intensidade baseia-se nas forças aplicadas à articulação e é geralmente descrita como baixa, média ou alta.
- **Frequência**. A frequência se refere ao número de sessões de treinamento realizadas a cada semana. Embora o padrão seja os atletas realizarem exercícios pliométricos de uma a três vezes por semana, pesquisas ainda devem determinar o número mais eficaz de sessões.
- **Recuperação**. A recuperação se refere à quantidade de tempo que um atleta deve descansar entre as repetições, as séries e os exercícios. A relação recomendada entre exercício e descanso é 1:5 ou 1:10. Se um exercício precisa de 10 segundos para ser concluído, o atleta deve descansar de 50 a 100 segundos entre as séries (Chu e Cordier, 2000). Os atletas devem descansar de 1 a 5 minutos entre cada exercício diferente (Stone e O'Bryant, 1987; Potach e Chu, 2000). O período de repouso aceito entre sessões é de 48 a 72 horas. Exercícios pliométricos para a mesma região do corpo não devem ser feitos em dias consecutivos.
- **Volume**. O volume diz respeito ao número de repetições e séries a serem executadas em qualquer sessão de treinamento específico. Iniciantes muitas vezes executam menos séries e repetições que atletas avançados. O número de repetições e de séries que você prescreve também dependerá da fase de treinamento (por exemplo, fora de temporada, pré-temporada e assim por diante). Por exemplo, um iniciante pode realizar de 60 a 100 repetições (contatos de pé) de exercícios de intensidade baixa a moderada para as extremidades inferiores durante a fase de hipertrofia-resistência período preparatório (Chu, 1998).

Infelizmente, há pouca pesquisa disponível sobre o volume de treinamento mais eficaz para exercícios pliométricos específicos para o *core*. Muitos exercícios pliométricos para o tronco envolvem jogar e pegar uma *medicine ball*. Alguns pesquisadores sugerem estabelecer um volume de treinamento com base no número de lançamentos executados com cada exercício para a extremidade superior (Potach e Chu, 2000). Muitos dos exercícios de *core* usam lançamentos da extremidade superior. Ao iniciar um programa pliométrico específico para o tronco de um atleta, você deve considerar prescrever inicialmente 2 ou 3 séries de 10 repetições. Se o atleta consegue se recuperar sem dor muscular excessiva, você pode aumentar o número de repetições e de séries conforme necessário.

- **Duração do Programa**. A duração ideal para um programa de treinamento pliométrico não foi definitivamente identificada. Pesquisadores sugeriram que entre 4 e 10 semanas de treinamento são necessárias para maximizar os resultados (Potach e Chu, 2000).
- **Progressão**. A progressão se refere ao aumento progressivo da carga aplicada a um músculo ou grupo muscular. Por exemplo, você pode iniciar um atleta em um volume de exercícios baixo a moderado e de baixa intensidade. Mais tarde, o atleta pode progredir para exercícios de alta intensidade para imitar as demandas de seu esporte.

PRÉ-REQUISITOS PARA O TREINAMENTO PLIOMÉTRICO

Antes de iniciar um programa de treinamento pliométrico, um cliente ou atleta deve ter algum nível de força funcional (Potach e Chu, 2000). Por exemplo, alguns artigos sugerem que um cliente deve ser capaz de realizar um agachamento de 1 repetição ao máximo (1 RM) com peso mínimo de uma vez e meia o peso de seu corpo antes de iniciar o treinamento pliométrico para a extremidade inferior (Holcomb et al., 1998; National Strength and Conditioning Association, 1993; Wathen, 1993). Com base nesses critérios, um indivíduo de 90 quilos deve ser capaz de agachar com pelo menos 135 quilos antes de ser autorizado a realizar um exercício pliométrico de alta intensidade para a parte inferior do corpo. No entanto, essa diretriz parece basear-se somente em relatórios clínicos e não em dados de pesquisa. Dados observacionais são pareceres de especialistas. Esses dados têm um papel na disseminação do conhecimento, mas são limitados pelo fato de não terem passado por um processo de pesquisa. Potach e Chu (2000, p. 424) relatam que para atletas "que não possuem força muscular ou um nível de condicionamento suficientes, a pliometria deve ser adiada até que os requisitos mínimos sejam satisfeitos". Infelizmente, isso não trata de quando alguém deve ter permissão para iniciar um programa pliométrico. As recomendações apresentadas por Allerheiligen e Rogers (1995) poderiam ajudar a guiar as tomadas de decisões clínicas (veja as orientações a seguir). Além disso, relatórios de pesquisas recentes descreveram o uso de pliometria de intensidade baixa, média e alta focada nas extremidades inferiores. Nesses relatórios, o programa de exercícios progrediu durante um período de seis semanas como parte de um programa de prevenção de lesões. Os resultados indicam que esse treinamento foi aplicado com êxito a uma variedade de atletas treinados e não treinados sem efeitos colaterais negativos (Hewett et al. 1996; Hewett et al. 1999).

OUTRAS CONSIDERAÇÕES SOBRE O TREINAMENTO

Algumas pessoas sugerem que exercícios pliométricos não devem ser realizados por crianças. Estas pessoas acreditam que o treinamento pliométrico pode danificar as articulações de uma criança. No entanto, pouca pesquisa foi feita para investigar o risco de lesões com o treinamento pliométrico. As crianças estão de fato sob risco de lesão? O que as crianças fazem todos os dias? Eles saltam, saltitam, pulam e lançam. Embora o risco de lesão seja provavelmente baixo, Allerheiligen e Rogers (1995) desenvolveram um sistema de classificação que ajuda a guiar o profissional de treinamento de força ao prescrever exercícios pliométricos para o atleta adolescente. Esse mesmo sistema de classificação também pode ser utilizado ao prescrever exercícios pliométricos para pacientes de reabilitação, clientes gerais e atletas. O sistema inclui três categorias:

- **Iniciantes:** Um iniciante não tem nenhuma experiência anterior com pliometria. Uma pessoa é classificada como iniciante se não tem capacidade, se não atingiu a puberdade ou se é um cliente de reabilitação. Esses clientes devem começar com exercícios pliométricos de baixa intensidade.
- **Intermediário:** A classificação intermediária inclui pessoas de idade colegial, bem como pacientes que estão nas fases finais da progressão de sua reabilitação (por exemplo, alguém que já não está com dor articulatória ou muscular e tem permissão de um médico para retomar todas as atividades normais). Esses indivíduos podem realizar exercícios pliométricos de intensidade média.
- **Avançado:** A classificação avançada inclui atletas universitários e de elite. Esses atletas podem executar exercícios pliométricos de alta intensidade. Pliometria de alta intensidade não é recomendada para clientes em reabilitação.

A National Strength and Conditioning Association (NSCA) também desenvolveu uma declaração de posição que fornece orientação adicional sobre quando implementar programas de treinamento pliométrico. Essa declaração de posição pode ser encontrada em http://www.nsca-lift.org/Publications/posstatements.shtml.

A seguir está a posição da National Strength and Conditioning Association:

1. O ciclo de alongamento-encurtamento, caracterizado por uma desaceleração rápida de uma massa seguida quase imediatamente de rápida aceleração da massa em direção oposta, é essencial para o desempenho na maioria dos esportes competitivos, especialmente para os que envolvem correr, saltar e mudar de direção rapidamente.
2. Um programa de exercícios pliométricos que treina os músculos, o tecido conjuntivo e o sistema nervoso para realizar efetivamente o ciclo de alongamento-encurtamento pode melhorar o desempenho na maioria dos esportes competitivos.
3. Um programa de treinamento pliométrico para atletas deve incluir exercícios específicos de esportes.
4. Programas de exercícios pliométricos cuidadosamente aplicados não são mais prejudiciais que outras formas de treinamento e competição esportivas e podem ser necessários à adaptação segura aos rigores dos esportes explosivos.
5. Somente os atletas que já alcançaram níveis elevados de força por meio de treinamentos de resistência padrão devem empenhar-se em exercícios pliométricos.

6. Saltos em profundidade só devem ser usados por uma pequena porcentagem dos atletas envolvidos no treinamento pliométrico. Como regra, atletas que pesam mais de 100 quilos não devem saltar em profundidade de plataformas mais altas que 45 centímetros.
7. Exercícios pliométricos envolvendo um determinado grupamento muscular ou articular não devem ser realizados em dias consecutivos.
8. Exercícios pliométricos não devem ser executados quando um atleta está em fadiga. Deve haver tempo para uma recuperação completa entre séries de exercícios pliométricos.
9. Os calçados e as superfícies utilizadas em exercícios pliométricos devem ter boas qualidades de absorção de choques.[2]
10. Uma série completa de exercícios de aquecimento deve ser executada antes de iniciar uma sessão de treinamento pliométrico. Exercícios menos exigentes devem ser dominados antes de se tentar executar exercícios mais complexos e intensos.

Reproduzido, com permissão, de NSCA. Disponível em: http://www.nsca-lift.org/Publications/posstatements.shtml.

EXERCÍCIOS PLIOMÉTRICOS

Exercícios pliométricos devem figurar no programa de treinamento de todos os atletas (Quadro 8.1). Embora exercícios pliométricos sejam muitas vezes classificados pela região do corpo exercitada (ou seja, parte inferior do corpo, parte superior do corpo ou tronco), muitos exercícios que são classificados como "parte inferior do corpo" ou "parte superior do corpo" também treinam o *core*. Por exemplo, o lançamento lateral (um exercício para a parte superior do corpo) seria um exercício adequado para incluir no programa de treinamento pliométrico de um golfista.

Muitos dos exercícios apresentados nesta seção exigem o uso de uma *medicine ball* e, possivelmente, de uma parede ou de um parceiro. Instrua seu cliente ou o atleta a realizar uma contração abdominal antes de cada série de repetições.

Quadro 8.1 Exercícios Pliométricos, Nível de Intensidade e Indicações para Esporte

Exercício	Intensidade	Esporte
Lançamento por baixo	Baixa	Futebol americano, luta romana
Lançamento por cima	Baixa	Beisebol, atletismo (eventos de lançamento)
Rotação de tronco	Baixa	Todos
Lançamento lateral	Baixa	Todos
Lançamento para trás	Baixa	Luta romana, atletismo (eventos de lançamento)
Giros com *medicine ball*	Baixa	Futebol americano, luta romana, eventos de lançamento
Over-unders com *medicine ball*	Baixa	Luta romana
Lançamentos laterais com *medicine ball*	Baixa	Todos
Reach-ups com *medicine ball*	Baixa	Todos
Passe *pull-over*	Média	Esportes de lançamento
Sit-up com *medicine ball*	Média	Todos
Giro e toque	Média	Todos
Sit-up e lançamento	Média	Todos
Swing vertical	Alta	Esportes com saltos
Lançamento em concha com *medicine ball*	Alta	Todos

[2] N.R.C.: Dado não baseado em evidências.

Lançamento por Baixo

Posição inicial: O cliente está agachado, segurando a *medicine ball* ligeiramente à frente do corpo e junto ao solo.
Movimento: O cliente se ergue rapidamente (explode) da posição agachada, usando a energia gerada pelas pernas para ajudar a realizar o lance por baixo.
Erros comuns: Alguns clientes podem ser incapazes de manter uma postura de coluna neutra durante todo o movimento. Você deve ficar aproximadamente 9 a 12 pés (2,7 a 3,6 metros) afastado para observar a postura do cliente durante esse exercício.
Intensidade: Baixa.

Lançamento por Cima

Posição inicial: Em pé, de frente para uma parede ou um parceiro e segurando uma *medicine ball* sobre a cabeça.
Movimento: O cliente dá um passo à frente e lança a *medicine ball* para o parceiro ou para a parede.
Intensidade: Baixa.

Rotação de Tronco

Posição inicial: O cliente está sentado com as pernas tão abduzidas para tão longe da linha média quanto possível. Um parceiro segura uma *medicine ball* nas costas do cliente.
Movimento: O cliente rotaciona o tronco em direção à bola, segura-a e, em seguida, gira-a para o lado oposto e entrega a bola para o parceiro. Isso deve ser realizado para os dois lados o número desejado de repetições.
Intensidade: Baixa.

Lançamento Lateral

Posição inicial: Em pé, em uma posição pronta e segurando a *medicine ball* com as duas mãos.
Movimento: O cliente inicia o movimento girando a bola para longe do alvo (parceiro ou parede). O cliente, então, muda de direção rapidamente, girando em direção ao parceiro ou reboteiro e lançando a bola.
Variação: O cliente pode executar o lançamento lateral ajoelhado.
Intensidade: Baixa.

Lançamento para Trás

Posição inicial: Agachado enquanto segura a *medicine ball* entre as pernas. Um parceiro fica aproximadamente 9 a 12 pés (2,7 a 3,6 m) atrás do atleta.
Movimento: O cliente levanta e lança a bola sobre a cabeça para o parceiro.
Erros comuns: Um cliente pode inclinar o corpo à frente ao agachar em vez de manter a coluna neutra.
Intensidade: Baixa.

Giros com Medicine Ball

Posição inicial: Em pé de costas para um parceiro, segurando a *medicine ball*.
Movimento: O cliente rotaciona o tronco para levar a *medicine ball* para um lado para o parceiro pegar. Isso é repetido dos dois lados o número desejado de vezes.
Intensidade: Baixa.

Lançamento Lateral Sentado com Medicine Ball

Posição inicial: Sentado e voltado para o mesmo lado ou para o lado oposto de um parceiro que está a aproximadamente 5 a 6 pés (152 a 183 centímetros) de distância. O cliente está segurando uma *medicine ball* com as duas mãos.
Movimento: O cliente rotaciona seu tronco para o lado oposto do parceiro, toca o chão com a bola e, então, gira rapidamente em direção ao parceiro e lança a bola. Depois de pegar a bola, o parceiro repete a mesma sequência.
Intensidade: Baixa.

Reach-ups *com* Medicine Ball

Posição inicial: Deitado em decúbito dorsal com o quadril e os joelhos flexionados. Um parceiro fica em pé ao lado do atleta (perto de sua cintura). O parceiro está segurando uma *medicine ball*.
Movimento: O cliente executa um *sit-up* parcial, alcançando a bola. O cliente segura a bola e retorna à posição inicial. O parceiro se abaixa para pegar a bola do cliente.
Intensidade: Baixa.

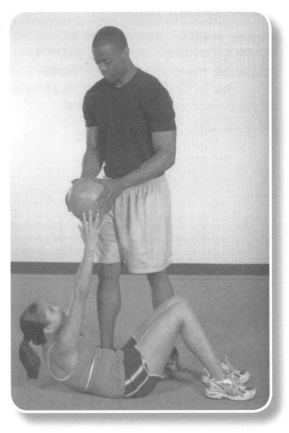

Passe Pull-Over

Posição inicial: Deitado em posição supina com os joelhos flexionados. O cliente está segurando uma *medicine ball* com ambos os cotovelos estendidos sobre a cabeça. Um parceiro fica aos pés do cliente.
Movimento: O cliente se eleva e lança (passa) a bola para o parceiro, mantendo os braços estendidos.
Intensidade: Média.

Sit-up *com* Medicine Ball

Posição inicial: Sentado a aproximadamente 91 a 122 centímetros de um parceiro. O cliente e o parceiro estão de frente um para o outro e ambos têm seus joelhos flexionados. O cliente começa em uma posição supina, segurando a *medicine ball*.
Movimento: O cliente começa executando um *sit-up*, elevando-se da posição supina e lançando a bola para o parceiro. O parceiro pega a bola perto do topo da posição de *sit-up*. O parceiro permite a dinâmica da bola, abaixa ao chão e, em seguida, inverte a direção rapidamente, realiza um *sit-up* e lança a bola de volta ao cliente.
Intensidade: Média.

Giro e Toque

Posição inicial: Sentado em posição de "V" com os pés fora do chão. O parceiro fica atrás e para o lado do cliente.
Movimento: O cliente começa segurando a *medicine ball* no chão (perto de seu quadril) do lado oposto do parceiro. O cliente gira a bola cruzando seu corpo e em direção ao parceiro, toca a mão do parceiro e, então, retorna a bola à posição inicial. O cliente repete esse movimento o número desejado de vezes e dos dois lados.
Intensidade: Média.

Sit-up e Lançamento

Posição inicial: Sentado no chão com os quadris e os joelhos flexionados. Um parceiro fica em pé a aproximadamente 2 a 3 pés (61 a 91 centímetros) de distância, segurando uma *medicine ball*.

Movimento: O parceiro lança a bola para as mãos do cliente, enquanto este abaixa seu corpo em direção ao chão. O cliente pega a bola e completa sua descida até o chão. Uma vez no chão, o cliente inverte a manobra, sentando e lançando a bola de volta para o parceiro.

Intensidade: Média.

Swing *Vertical*

Posição inicial: O cliente fica em pé, segurando um *kettlebell* ou uma *medicine ball* com as duas mãos.
Movimento: O cliente levanta o *kettlebell* ou a *medicine ball* sobre a cabeça com os braços estendidos e, em seguida, inverte a direção puxando o *kettlebell* para baixo enquanto o corpo assume uma posição de agachamento completo. Então, ele realiza movimento explosivo dessa posição, levantando o *kettlebell* acima da cabeça. Repita essa sequência o número desejado de vezes.

Lançamento em Concha com Medicine Ball

Posição inicial: O cliente fica com os pés afastados na linha do quadril em uma posição atlética de prontidão (joelhos flexionados cerca de 20° a 30°). Um parceiro fica em pé ao lado do cliente, a uma distância de 4 a 5 metros e voltado para a mesma direção.
Movimento: O cliente começa com a *medicine ball* de um lado na altura do quadril e, em seguida, joga a bola para um parceiro permitindo que a parte superior do corpo rotacione apenas ligeiramente. O parceiro pegará a bola e repetir a mesma sequência, lançando a bola de volta. Repita o número desejado de vezes dos dois lados do corpo.
Intensidade: Alta.

RESUMO

A diferença entre uma vitória e uma derrota pode se resumir a quão rapidamente um atleta pode pegar uma bola, a quão longe ele pode saltar ou a quão longe ele pode bater uma bola. Exercícios pliométricos são essenciais para desenvolver o poder explosivo necessário para melhorar o desempenho esportivo. Pesquisas recentes puseram em evidência os benefícios funcionais de incluir pliometria para o *core* no programa de treinamento do atleta.

Esses exercícios devem ser incluídos no programa de treinamento de todo atleta. Antes de iniciar um programa de treinamento pliométrico, você deve dar atenção ao nível de experiência do atleta. Com a manipulação adequada das variáveis do treinamento pliométrico, a maioria dos atletas será capaz de executar esses exercícios valiosos com segurança.

9
Considerações Especiais para o Treinamento do *Core*

Os músculos e as articulações do *core* são frequentemente lesionados tanto em indivíduos atléticos como em não atléticos. Milhões de dólares são gastos anualmente em tratamentos médicos e terapêuticos para ajudar indivíduos lesionados a retornar a seu funcionamento pleno. Em alguns casos, uma lesão pode ser tão grave que a restauração da função normal não é possível.

O propósito deste Capítulo é apresentar as lesões musculoesqueléticas comuns na região do *core*. Os programas de exercícios que você desenvolve para clientes de pós-reabilitação serão influenciados por seu histórico médico recente e antigo. Além disso, este Capítulo abordará questões de treinamento de *core* relacionadas à gravidez e a populações atléticas específicas.

LESÕES DO *CORE* E CONSIDERAÇÕES SOBRE O TREINAMENTO

Lesões musculoesqueléticas da região do *core* representam uma parcela significativa de todas as lesões tratadas por médicos e por profissionais de reabilitação. A lombalgia, em particular, afetará até 80% dos americanos pelo menos uma vez na vida (Rasmussen-Barr et al., 2003). Muitas lesões ao *core* são reabilitadas com êxito com tratamentos conservadores; no entanto, algumas lesões podem exigir períodos grandes de recuperação. Em certos casos, intervenções cirúrgicas podem ser necessárias para que um indivíduo retorne a suas funções normais. Programas de exercícios implementados por um profissional de *fitness* podem ajudar a facilitar que um cliente de **pós-reabilitação** retorne ao trabalho ou ao esporte e podem ajudar a reduzir o risco de um cliente se lesionar novamente.

Estar familiarizado com lesões comuns de quadril e de lombar melhorará o modo como você cria programas de treinamento de *core* para seus clientes. Como sempre, você deve examinar o histórico médico de cada cliente (especialmente qualquer histórico de lesão ou dor musculoesquelética)

antes de iniciar um programa de treinamento. Se o cliente tiver uma lesão musculoesquelética, encaminhe-o para um provedor de assistência médica adequado. Se há necessidade de terapia, é papel do profissional de reabilitação tratar lesões específicas. Alguns pacientes que tiveram alta da terapia podem não estar com um nível funcional ótimo. Um paciente pode receber alta da terapia prematuramente por uma série de razões. É o profissional de *fitness* que terá a oportunidade de desenvolver e implementar um programa de treinamento pós-reabilitação para o cliente assintomático que teve uma lesão musculoesquelética recente ou reabilitada de forma incompleta.

As seções a seguir fornecem informações sobre lesões comuns sofridas nas costas e no quadril. Para cada lesão, é fornecida uma breve explicação sobre patomecânica, juntamente com sugestões para prevenção ou treinamento pós-reabilitação. Apesar das dicas sugeridas, lembre-se de que você deve entrevistar o cliente e realizar uma avaliação funcional mesmo assim.

Lesões de Coluna

As seções a seguir fornecem detalhes sobre algumas das lesões musculoesqueléticas mais comuns da coluna. Dores e deficiências significativas podem resultar de algumas dessas lesões. O profissional de *fitness* que desenvolve um programa de treinamento do *core* para um cliente com um histórico de dor nas costas deve considerar as limitações potenciais de força do cliente, evitando a prescrição de exercícios que podem reagravar o problema.

Distensão Muscular na Região Lombar

Uma distensão envolve o tensionamento excessivo ou o rompimento de tecido muscular. As distensões musculares são geralmente causadas por tensão ou estresse excessivo aplicado ao músculo além do que ele pode sustentar (Figura 9.1).

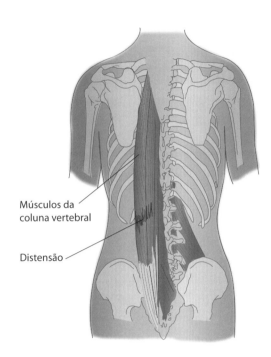

Figura 9.1 Uma distensão muscular na região lombar.
Reproduzido, com permissão, de M. Flegel, 2008, *Sport first aid*, 4. ed. (Champaign, IL: Human Kinetics), p. 191.

Por exemplo, levantar um objeto pesado repetidamente com a técnica incorreta ou utilizando posturas erradas (como lordose lombar excessiva) pode contribuir para distensões musculares lombares. Clientes ou atletas que sofreram uma distensão na coluna torácica ou lombar podem sofrer dor e rigidez que, por sua vez, podem prejudicar sua capacidade funcional. Isso muitas vezes leva as pessoas a procurar tratamento de um especialista em reabilitação. Certifique-se de perguntar se um cliente participou recentemente de um programa de reabilitação. Se este for o caso, você também deve descobrir que exercícios o cliente aprendeu com o especialista de reabilitação.

Padrões disfuncionais comuns e conclusões típicas da avaliação:

- Dor nos movimentos de flexão e flexão lateral.
- Dor ou incapacidade de levantar objetos do solo.
- Espasmos ou espasmos musculares reflexos na lombar.
- Dor durante palpação dos músculos da lombar.

Indicações de treinamento de *core*

Após uma distensão, o cliente pode ter fraqueza muscular residual e pode ser menos flexível na região lombar. Essas limitações devem ser abordadas inicialmente com exercícios de alongamento estático e de estabilização do *core*.

- Alongamento estático.
  - Alongamento de joelho em direção ao peito.
  - Alongamento de oração ou alongamento de oração com flexão lateral.
  - Posição de cobra.
- Exercícios básicos de estabilização do *core*.
  - Ponte.
  - *Pulley* com braços retos.
  - Ponte/prancha lateral (iniciante).
  - Abdominal.

Contraindicações de treinamento de *core*

Evite prescrever exercícios que reproduzam os sintomas de dor do cliente. Faça o cliente progredir gradualmente de exercícios básicos de estabilização aos de nível intermediário.

Núcleo Pulposo Herniado (hérnia de disco)

Um núcleo pulposo herniado (NPH) pode ser uma condição gravemente debilitante, que possivelmente exige cirurgia para aliviar os sintomas. Uma hérnia de disco pode variar em severidade de uma **protrusão discal** a uma **sequestramento discal** (Quadro 9.1).

Como ocorrem as lesões de disco? Pense o disco intervertebral como uma rosca de geleia. A parte interna de geleia é o núcleo pulposo gelatinoso e a parte da rosca (a região externa do disco) é o anel fibroso.

O que acontece com uma rosca de geleia quando você danifica a parte externa? A geleia tende a migrar ou a sair. Apesar de ser uma simplificação exagerada, um processo semelhante ocorre em lesões relacionadas ao disco. Esforço repetitivo, como mecânica de elevação pobre no trabalho ou na academia, pode contribuir para a degeneração do

Quadro 9.1 Tipos de Lesões de Disco

Lesão de Disco	Definição
Protrusão discal	A parte interna do disco incha em direção à periferia, empurrando a parte externa do disco sem rompê-la.
Extrusão discal	A parte externa do disco se quebra com ruptura da parte interna.
Sequestramento discal	A parte interna do disco se rompe e se separa do risco.

anel fibroso (rosca externa). Isso pode levar a uma protuberância de disco (protrusão da geleia, ver Figura 2.4, p. 12) ou, no pior dos casos, ao rompimento e separação da parte interna do disco (sequestramento discal).

Padrões disfuncionais comuns e conclusões típicas da avaliação

- Dor lombar, possivelmente irradiando para a perna.
- Dor nos movimentos de flexão e de flexão lateral.
- Espasmos ou espasmos musculares reflexos nos músculos lombares e glúteos.

Indicações de treinamento de *core*

A maioria dos clientes com diagnóstico de lesão do disco lombar receberam anteriormente o tratamento de um profissional de reabilitação. Apesar das seções de terapia, os clientes podem continuar a sentir dores intermitentes, falta de flexibilidade na lombar ou na extremidades inferiores e força disfuncional do *core*. Inicialmente, evite exercícios baseados em flexão, como o abdominal. Gradualmente, introduza os exercícios de flexão conforme necessário para o funcionamento do cliente. Não continue um exercício se o cliente sentir dor.

- Alongamento (inicial).
  - Posição de cobra.
  - Alongamento supino de tendões.
  - Gato e camelo.
- Exercícios básicos de estabilização do core.
  - Elevação de braço e perna opostos.
  - Ponte/prancha lateral (iniciantes).
  - Ponte/prancha frontal.

Contraindicações de treinamento de *core*

Um cliente com uma hérnia de disco lombar talvez precise evitar alguns exercícios de treinamento. Ele talvez precise evitar principalmente exercícios que poderiam aumentar o risco de provocar hérnias novamente se executados incorretamente ou sem supervisão (Ostelo et al., 2003).

Siga estas orientações para prescrever exercícios de flexão do tronco (abdominais):

- Esses exercícios devem ser evitados se o cliente está sofrendo de dor aguda.
- Para tratar de um reto abdominal fraco, escolher primeiro exercícios como a prancha frontal, que evitam flexão na coluna.

- Fortalecimento do quadril é crucial para clientes com histórico de hérnia de disco. É necessário força de quadril ótima para permitir que um indivíduo execute um avanço funcional para o esporte ou o trabalho, a fim de evitar movimentos baseados em flexão da coluna lombar.
- Uma vez que o cliente já não sente dor, exercícios de flexão devem ser usados dependendo do caso e com cautela.

Espondilólise ou espondilolistese

Espondilólise é um uma alteração da coluna que ocorre no **segmento lombossacral** (L5-S1). Espondilólise pode ocorrer bilateralmente. Nesses casos, a vértebra perde a capacidade de fornecer estabilidade posterior (Figura 9.2a). O resultado pode ser o escorregamento de uma vértebra anterior ao segmento distal. Quando esse escorregamento ocorre, é chamado de espondilolistese (Figura 9.2b).

Padrões disfuncionais comuns e conclusões típicas da avaliação

- Dor na lombar.
- Dor quando há extensão lombar.
- Baixa capacidade de resistência do *core*.

Indicações de treinamento de *core*

Um cliente pode ser capaz de realizar exercícios de alongamento e de fortalecimento em posturas de coluna flexionadas e neutras. Deve-se evitar a extensão da coluna lombar. A seguir estão exemplos de exercícios potencialmente adequados para um cliente com espondilólise ou espondilolistese:

- Alongamento.
  - Alongamento de joelho em direção ao peito.
  - Alongamento de oração ou alongamento de oração com flexão lateral.
  - Alongamento supino de tendões.
  - Piriforme.
- Fortalecimento.
  - Elevação de braço e perna opostos.
  - Ponte lateral (intermediário).
  - Abdominal.

Contraindicações de treinamento de *core*

Para clientes com histórico de espondilolistese, deve-se evitar exercícios que estendam a coluna além da postura neutra.

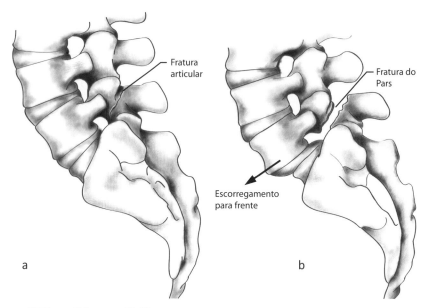

Figura 9.2 *(a)* Espondilólise e *(b)* espondilolitese.
Reproduzido, com permissão, de R. Gotlin, 2008, Sport injuries guidebook (Champaign, IL: Human Kinetics), 160, 188.

Lesões de Quadril

Indivíduos treinados e sedentários correm o risco de ter lesões de quadril. Até mesmo distensões sem muita importância podem causar dor e prejudicar o modo de andar e o funcionamento. Fraqueza residual de quadril pode alterar a biomecânica da extremidade inferior, podendo contribuindo para dores nos joelhos ou nos pés. As seções a seguir apresentam detalhes sobre algumas lesões musculoesqueléticas mais comuns do quadril.

Distensões musculares do quadril

Tensões musculares do quadril são experimentadas frequentemente por atletas competitivos e recreativos (Tyler et al., 2001; Tyler et al., 2002; Anderson et al., 2001; Grote et al., 2004). Programas de treinamento direcionados a limitações funcionais pré-temporada podem ajudar a reduzir o risco dessas lesões (Tyler et al., 2002). O Quadro 9.2 apresenta os mecanismos de distensões comuns dos músculos do quadril; o Quadro também identifica o esportes em que os atletas muitas vezes sofrem estas lesões.

Quadro 9.2 Distensões comuns dos músculos do quadril e os mecanismos de lesão

Músculo ou grupo muscular	Mecanismo da lesão	Esporte
Flexores do quadril	1. Flexionar o quadril contra uma força ou uma hiperextensão violenta 2. Choque violento do quadril anterior	Chute de futebol Futebol americano
Adutores do quadril	1. Abdução rápida ou forte do quadril durante patinação no gelo, hóquei ou futebol	Nado peito Hóquei Patinação no gelo *Sky cross-country* Futebol americano Futebol
Reto femoral	1. Flexionar o quadril contra uma força 2. Hiperextensão violenta ou repentina	Chute de futebol Corridas de velocidade

Anderson et al., 2001; Tyler et al., 2001; Grote et al., 2004.

As mesmas forças e mecanismos que causam a distensão muscular também podem causar uma avulsão (o músculo se separa do osso) muscular em crianças e adolescentes (Anderson et al., 2001). Crianças, adolescentes e jovens que se queixam de "lesão muscular" devem ser encaminhados a um médico para eliminar a possibilidade de uma avulsão.

Distensões do Flexor do Quadril

Uma distensão dos flexores do quadril (músculos ilíaco e psoas maior) resulta de um movimento de flexão do quadril contra uma força ou uma hiperextensão violenta (Anderson et al., 2001). Além disso, um choque violento contra o quadril anterior (por exemplo, *tackle* de futebol) também pode causar uma lesão dos flexores do quadril.

Padrões disfuncionais comuns e conclusões típicas da avaliação

- Dor na região anterior do quadril.
- Dor ao flexionar o quadril.
- Dor e falta de flexibilidade conforme o quadril é estendido.
- Perda de força de flexão do quadril.

Indicações de treinamento de *core*
Distensões dos músculos flexores do quadril exigirão exercícios de flexibilidade e de fortalecimento para restauração funcional.

- Alongamento.
- Alongamento de joelhos dos flexores do quadril.
- Fortalecimento.
- Flexão de quadril em pé (com resistência de pesos para tornozelos ou de um aparelho).
- Avanços.
- Ponte lateral com flexão do quadril.

Distensões do Adutor do Quadril

Distensões do adutor do quadril são comuns em esportes na neve ou no gelo e com nadadores que executam o nado peito (Tyler et al., 2001; Tyler et al., 2002; Grote et al., 2004). Uma abdução do quadril rápida ou forte durante um movimento do esporte pode causar uma distensão do adutor do quadril.

Padrões disfuncionais comuns e conclusões típicas da avaliação

- Dor na região dos adutores.
- Dor com adução ativa e abdução passiva do quadril.

Indicações de treinamento de *core*
A prevenção é o melhor remédio, mas se uma distensão tiver ocorrido, um programa de alongamento suave e gradual combinado com fortalecimento funcional ajudará o atleta a retornar à paticipação esportiva.

- Alongamento.
- Alongamento de adutores sentado.
- Alongamento com avanço.
- Fortalecimento.
- Agachamentos.
- Agachamentos laterais.
- Série de avanços de Chu para atletas.

Distensão do Reto Femoral

Uma distensão do reto femoral tem um mecanismo semelhante ao dos flexores do quadril. Flexionar o quadril contra uma força ou uma hiperextensão violenta ou repentina podem lesionar esse músculo. Esta é uma das distensões mais comuns sofridas por velocistas.

Padrões disfuncionais comuns e conclusões típicas da avaliação

- Dor anterior do quadril e da coxa.
- Dor ao flexionar ativamente o joelho e estender o quadril.
- Dor ao estender o quadril passivamente.
- Perda de movimento na extensão de quadril.

Indicações de treinamento de *core*
Indivíduos que sofreram uma distensão dos flexores do quadril podem se beneficiar deste conjunto de exercícios.

- Alongamento.
- Alongamento em pé de quadríceps.
- Alongamento ajoelhado do flexor do quadril.
- Fortalecimento.
- Agachamentos.
- Avanços.

Contraindicações de treinamento de *core*

Se o cliente apresenta sintomas residuais, evite exercícios que estendam excessivamente o quadril e exercícios pesados de fortalecimento com flexão de quadril e extensão de joelho.

Hérnias

Embora hérnias não sejam um ferimento musculoesquético, uma hérnia pode ser inicialmente confundida com uma distensão muscular. Se um atleta sente dor na região da virilha (adutores) durante o exercício e não sofreu nenhum trauma, ele pode estar sofrendo de pubalgia atlética ou de uma hérnia causada por esportes.

Padrões disfuncionais comuns e conclusões típicas da avaliação

- Dor na região dos adutores.
- Dor ao tossir ou espirrar.
- Dor com o exercício.

Indicações de treinamento de *core*

Pode parecer que os clientes apresentam uma distensão do adutor do quadril. Em algum ponto na progressão do treinamento, o exercício se tornará doloroso. O encaminhamento a um provedor de cuidados de saúde será necessária para diagnosticar uma hérnia.

Contraindicações de treinamento de *core*

Quando um cliente apresenta dor ao realizar exercícios, encaminhe-o para o provedor médico adequado (MD, DO, NP, PA).

Síndrome de Impacto no Quadril

A síndrome de impacto no quadril ("*snapping*") recebeu esse nome por causa do som ouvido no quadril, quando a banda iliotibial esfrega patologicamente o trocanter maior durante a flexão e a extensão do quadril (Anderson et al., 2001). Essa síndrome afeta principalmente os corredores.

Indicações de treinamento de *core*

Atletas que sofrem dessa síndrome (ou sofreram no passado) se beneficiarão do alongamento da banda iliotibial e do fortalecimento dos abdutores do quadril.

- Alongamento.
  - Alongamento em pé da banda iliotibial.
  - Aplicação de rolo de espuma (*foam roll*) para a banda iliotibial.

- Fortalecimento.
  - Abdução de quadril deitado de lado.
  - Prancha lateral (intermediária).

Contraindicações de treinamento de *core*

Faça o cliente progredir conforme tolerado. Evite exercícios que reproduzam os sintomas.

Osteoartrite do Quadril

Uma consequência normal do envelhecimento são as alterações degenerativas que ocorrem nas articulações. As alterações degenerativas em uma articulação podem incluir a perda da cartilagem que amortece a articulação, o desenvolvimento de esporões ósseos e a ocorrência de contato entre os ossos ao suportar peso. Os clientes que se queixam de dor no quadril que piora durante o dia podem estar com osteoartrite do quadril. Osteoartrite de quadril geralmente não afeta pessoas mais jovens. O primeiro aparecimento dos sintomas ocorre na quarta década de vida. Os clientes que têm osteoartrite devem consultar um cirurgião ortopédico. Várias medidas conservadoras podem ser tomadas para reduzir a dor do cliente. Treinamento de *core* sem dores e melhorias gerais de condicionamento podem ser úteis. Para muitos, uma cirurgia pode ser necessária.

Padrões disfuncionais comuns e conclusões típicas da avaliação

- Dor no quadril.
- Dor ao caminhar.
- Dor ao realizar atividades funcionais.
- Perda de amplitude de movimento.

Indicações de treinamento de *core*

Fortalecer os músculos do quadril pode ajudar a reduzir a dor. No entanto, dependendo da gravidade da osteoartrite, você pode ser limitado a treinar o paciente em posturas sem pesos.

Contraindicações de treinamento de *core*

Evite exercícios que reproduzam a dor.

O *CORE* E A GRAVIDEZ

O American College of Obstreticians e Gynecologists (ACOG) recomenda que mulheres grávidas realizem 30 minutos ou mais de exercícios moderados a intensos diariamente (quando possível). Recomenda-se que o

Considerações Especiais para o Treinamento do *Core* **139**

paciente consulte seu provedor principal (M.D., D.O.) ou CNM (enfermeira parteira certificada) antes de iniciar um programa de exercícios.

A ACOG identificou contraindicações absolutas que impedirão que as mulheres grávidas executem exercícios aeróbicos (ACOG, 2002). Esses incluem:

- Pré-eclâmpsia ou hipertensão induzida pela gravidez. A pré-eclâmpsia pode ocorrer em mulheres sem histórico pré-natal de hipertensão ou pressão arterial elevada. Alguns indicadores de que uma cliente pode ter pré-eclâmpsia são pressão arterial elevada ou dor de cabeça frontal.
- Sangramento no segundo ou terceiro trimestre. Sangramentos nesses trimestres podem ser indicativos de desprendimento de placenta, placenta prévia ou trabalho de parto prematuro. Se um cliente se queixa de sangramento vaginal ela deve parar o exercício e consultar com seu provedor principal de assistência médica.
- Doença pulmonar restritiva. A mulher grávida agora respira por dois. Dificuldades de respiração devem ser avaliadas por um médico.
- Doença cardíaca hemodinamicamente significativa. Encaminhe sua cliente ao provedor de cuidados médicos se ela apresentar batimento cardíaco irregular, dor no peito ou tonturas.
- Membranas rompidas. Há um risco aumentado de infecção se as membranas da mulher grávida se romperam.

Outras contraindicações incluem incompetência cervical ou circlagem, placenta prévia (placenta baixa) depois de 26 semanas e risco de trabalho de parto prematuro (ACOG, 2002).

O ACOG também recomenda que as mulheres devem parar de se exercitar se sentirem qualquer um dos seguintes sintomas: sangramento vaginal, dispneia antes do esforço, tontura, dor de cabeça, dor no peito, fraqueza muscular, dor ou inchaço na panturrilha, trabalho de parto prematuro, diminuição do movimento fetal ou vazamento de fluido amniótico (ACOG 2002).

Exercícios de *core* adequados à cliente grávida incluem os seguintes:

- Ponte.
- *Pulley* com braços estendidos.
- Ponte lateral (iniciantes).

O *CORE* E O DESEMPENHO ATLÉTICO

A diferença entre uma vitória e uma derrota pode ser uma questão de segundos ou polegadas. Em alguns casos, pode ser a diferença entre o primeiro e segundo lugar menos de um segundo. O que dá ao atleta superior ou equipe a vantagem? Geralmente é uma mistura de grande treinador, jogo talentoso e formação superior. Núcleo de formação desempenha um papel crucial para os atletas que são bem-sucedidos nos esportes e para aqueles que são capazes de jogar livre de lesão.

Núcleo de formação deve ser incluído em um programa de treinamento compreensive para todos os atletas. Esta seção destaca os núcleo de formação para quatro tipos de atletas: atletas lançadores, nadadores, atletas que balançam uma raquete ou taco e golfistas. Um programa de treinamento do núcleo avançado de exemplo é fornecido para cada tipo de atleta. Lembre-se, antes de começar um programa avançado, mais inexperiente ou atletas não treinados devem começar com exercícios de núcleo básico ou intermediário (Tabela 9.1).

Lançamentos ou arremessos

Atletas que realizam lançamentos ou arremessos por cima geram potência nas pernas e transferem essas

Tabela 9.1 Exemplo de programa de treinamento de *core* para atletas não treinado

Exercício	Séries	Repetições
Prancha lateral	2-3	Segurar por 10 segundos
Prancha frontal	2-3	Segurar por 10 segundos
Abdominal	1-2	10-30
Ponte	1-2	10-30
Lançamentos de bola por cima para um reboteador	1-2	20

1. Resolver limitações de flexibilidade.
2. Iniciar exercícios básicos ou intermediários de *core*.
3. Iniciar exercícios pliométricos de baixa intensidade específicos do esporte.

Tabela 9.2 Programa avançado de treinamento de *core* para atletas que realizam lançamentos por cima

Exercício	Séries	Repetições
Avanço	2-3	10-15
Agachamento lateral	2-3	10-15
Agachamento com rotação	2-3	10-15
Rotações de tronco em pé	2-3	20
Desenvolvimento na *physioball*	2-3	10
Prancha com rotação externa do ombro	2-3	15

forças através do tronco para o braço de lançamento. Esse sequenciamento proximal-distal permite que o braço de lançamento alcance aceleração máxima na maior velocidade. A ativação disfuncional da musculatura do tronco pode resultar em desempenho atlético mais fraco. Por exemplo, se um lançador ativasse seus músculos do ombro (o segmento distal) antes da contribuição de força da musculatura do quadril (o segmento proximal), o padrão de movimento seria disfuncional e o desempenho poderia ser afetado. Um tronco disfuncional também coloca o atleta em risco de ferir o braço de lançamento. Um atleta de lançamento de dardos que tem um tronco disfuncional tentará, mesmo assim, executar no seu nível ideal a cada jogada. O atleta compensará gerando mais torque no ombro. Repetir essa estratégia pode sobrecarregar a tolerância do tecido no ombro ou no cotovelo, resultando em uma lesão de distensão ou de deslocamento da extremidade superior.

A Tabela 9.2 apresenta um exemplo de programa de treinamento de *core* para atletas que realizam lançamentos por cima. Treinadores de força podem fazer modificações a esse programa de treinamento com base no esporte do atleta.

Natação

Para manter uma braçada eficaz, o nadador deve ter um *core* forte. Músculos do *core* fortes permitirão que as extremidades gerem um chute de perna e uma braçada poderosos. Fraqueza do *core*, principalmente nos quadris, afetará o desempenho esportivo e pode contribuir para o aparecimento de uma lesão relacionada ao esporte (Pollard e Fernandez, 2004; Allegrucci et al., 1994; Stocker et al., 1995). Nadadores que executam o nado peito têm risco de lesionar os adutores do quadril em razão do movimento repetido de adução da braçada (Grote et al., 2004). Para melhorar o desempenho esportivo e reduzir o risco de lesões, um nadador deve participar de um programa avançado de treinamento de *core* que incorpora movimentos multiplanares. A Tabela 9.3 apresenta um programa avançado de treinamento do *core* para nadadores.

Esportes de Raquete e Rebatidas

Esportes como tênis e beisebol exigem que um atleta gere forças significativas. O atleta deve transferir essas forças para as extremidades superiores para transmitir força para a bola. No entanto, o movimento de balanço usado nesses esportes pode contribuir para o aparecimento de uma lesão na lombar. Os atletas profissionais Don Mattingly (beisebol) e Andre Agassi (tênis) sofreram de dor lombar no final de suas carreiras. Treinamento do *core* pode ajudar a reduzir o risco de lesão na coluna para atletas que praticam esses esportes.

Primeiro, você precisa reconhecer que muitos atletas podem estar usando técnicas falhas ao sacar no tênis ou ao balançar um taco. Em conjunto com qualquer programa de treinamento que você desenvolver para esses atletas, cada um deve procurar ajuda de um treinador profissional para melhorar a técnica. Ao realizar a avaliação funcional do atleta, você deve considerar cuidadosamente a força e o funcionamento das extremidades inferiores. A ativação instáveis das extremidades inferiores pode contribuir para uma lesão lombar quando o atleta usa os músculos das costas para gerar força. A Tabela 9.4 apresenta um programa avançado de treinamento do *core* para o jogador de tênis ou de beisebol.

Tabela 9.3 Programa Avançado de Treinamento do *Core* para Nadadores

Exercício	Séries	Repetições
Giro pronado	1-2	20-25
Prancha frontal com extensão de quadril (executado bilateralmente)	1-2	20-25
Prancha lateral com abdução de quadril (executado bilateralmente)	1-2	20-25
Abdominal na *Physioball* (bola suíça)	1-2	20-25
Concha na *Physioball* (bola suíça)	1-2	20-25
Rotações do tronco com cabo (de cima para baixo e de baixo para cima)	1-2	20-25

Tabela 9.4 Programa Avançado de Treinamento do *Core* para o Jogador de Tênis ou de Beisebol

Exercício	Séries	Repetições
Avanço	2-3	10-15
Agachamento lateral	2-3	10-15
Agachamento com giro	2-3	10-15
Rotações do tronco com cabo (cada lado)	2-3	10-15
Rotações do tronco com cabo (de baixo para cima, cada lado)	2-3	10-15

Golfe

Lesões de coluna lombar representam a maioria das lesões experimentadas por golfistas. A coluna lombar está em risco em virtude das diferentes forças — distorção, compressão, torque e forças de flexão lateral — criadas durante cada *swing* de golfe (McHardy et al., 2006; Hosea e Gatt, 1996). Durante cada *swing*, a coluna lombar do golfista aguenta cargas de compressão de aproximadamente oito vezes o peso do seu corpo.

Dados de pesquisa indicaram que golfistas que sofreram de dores lombares demonstram força e resistência do *core* inadequadas (Evans e Oldreive, 2000; Evans et al., 2005; Vad et al., 2004). Relatórios de pesquisa identificaram os músculos transverso abdominal e rotadores do tronco como instáveis em golfistas com dores lombares (Evans e Oldreive, 2000; Lindsay e Horton, 2006). Enquanto estes músculos específicos foram identificados como instáveis na literatura, você deve avaliar cuidadosamente a capacidade de resistência e o funcionamento de todos os músculos do *core*. A Tabela 9.5 contém um exemplo de programa avançado de treinamento do *core* para golfistas. A inclusão de exercícios pliométricos no programa de *core* do golfista é importante tanto para o desempenho esportivo como para a prevenção de lesões (Doan et al., 2006; Fletcher e Hartwell, 2004).

Ao desenvolver programas de treinamento para golfistas que sofreram de dor lombar, você deve considerar os seguintes fatores: nível de condicionamento e hábitos de treinamento do cliente (força e condicionamento), as

Tabela 9.5 Programa avançado de treinamento do *core* para golfistas (Brumitt e Dale, 2008)

Exercício	Séries	Repetições
Puxador	3	3-6
Avanço com giro	2	15-20
Giro pendurado	2	15-20
Giro pronado	2	15-20
Giro romano	2	15-20
Avanço com *kettlebell*	2	15-20
Lançamento de bola por cima (pliométrico)	1-3	10
Lançamentos horizontais em pé (cada lado)	1-3	10
Lançamentos horizontais sentado (cada lado)	1-3	10

forças exercidas sobre a coluna lombar e a natureza multi-planar do *swing* de golfe (Brumitt e Dale, 2008; Coleman e Rankin, 2005). Considerar esses fatores (combinados às conclusões da avaliação funcional) ajudará você a determinar a prescrição de exercício adequada.

RESUMO

Incluir treinamento de *core* no programa de exercícios de um cliente ajudará a reduzir o risco de lesões e a melhorar a força e o funcionamento (especialmente importante para atletas) do cliente. O treinamento do *core* também é uma maneira eficaz para continuar a reabilitação funcional do cliente pós-reabilitação.

Pode-se afirmar razoavelmente que nenhuma outra região do corpo merece tanta atenção como o *core*. O número de indivíduos que sofrem de dores nas costas e no quadril indica a necessidade da prescrição dirigida de exercícios de treinamento do *core*. Todos os anos, milhares de pessoas precisam de atenção médica para lesões que poderiam ter sido evitadas se a pessoa fosse devidamente treinada. Algumas dessas pessoas precisarão de cirurgia seguida de longa reabilitação e de treinamento pós-reabilitação. Profissionais de *fitness* podem afetar positivamente o treinamento e os hábitos de vida de seus clientes, ajudando-os a fazerem mudanças que reduzirão o risco de lesões e evitarão futuras situações cirúrgicas.

Treinar o *core* é fundamental para todos os atletas. Quando os atletas não conseguem treinar o *core*, seu desempenho atlético pode sofrer e pode aumentar o risco de uma lesão relacionada ao esporte.

Glossário

adução — O processo de mover uma extremidade (ou articulação) em direção ao meio do corpo.

amplitude ativa de movimento — Refere-se à amplitude de movimento em que um indivíduo pode efetivamente mover uma articulação usando seus músculos.

amplitude de movimento (AM) — O grau de movimento disponível em uma articulação.

amplitude passiva de movimento — Refere-se à amplitude de movimento passivo (movimento que não é influenciado pelo controle volitivo da pessoa) disponível em uma articulação.

baseado em evidências — Relativo à prática da medicina baseada em evidências. A clínica baseada em evidências se refere a um provedor de cuidados de saúde que usa a melhor pesquisa disponível, sua própria experiência clínica e os valores do paciente ao determinar o melhor tratamento para ele.

cifose — Uma curvatura posterior da coluna vertebral anormal ou excessiva; ocorre principalmente na coluna torácica.

componente elástico em série (CES) — Uma estrutura anatômica que consiste em um tendão e no tecido conectivo correspondente.

concomitante — Que ocorre ao mesmo tempo; em medicina, este termo se refere a dois ou mais distúrbios apresentados pelo paciente ao mesmo tempo.

confiável — Um teste (médico ou funcional) é considerado confiável se produz resultados semelhantes de maneira consistente.

contração abdominal — Uma cocontração isométrica da parede abdominal e dos músculos posteriores do tronco que é realizada para aumentar a estabilidade da coluna vertebral.

dinamômetro portátil — Um dispositivo portátil que fornece uma medida quantitativa confiável da força muscular de uma pessoa.

discectomia — Procedimento cirúrgico realizado para excisar (remover) uma parte de um disco intervertebral herniado.

epidemiológico — Relativo à epidemiologia, que é o estudo da distribuição e das causas de doenças e enfermidades na população.

ergonomia — O campo de estudo relacionado à avaliação de locais de trabalho e às alterações subsequentes feitas nesses locais para melhorar o desempenho e a segurança dos funcionários.

flexibilidade — Refere-se à capacidade de demonstrar movimento em uma articulação ou série de articulações e nos tecidos moles associados a elas; capacidade de uma pessoa de mover dentro da amplitude de movimento disponível.

flexibilidade dinâmica — Refere-se à amplitude de movimento apresentada por um cliente ao executar qualquer movimento ativo.

flexibilidade estática — A amplitude de movimento que pode ser realizada em uma articulação sem qualquer ativação muscular.

fuso muscular — Um órgão proprioceptivo alinhado entre fibras musculares. O fuso muscular responde à velocidade e ao grau de um estiramento do músculo.

gínglimo — Um objeto ou estrutura que se parece com uma dobradiça; o joelho e o cotovelo são gínglimos (articulações em dobradiça).

goniômetro — Um dispositivo usado para medir o grau de movimento disponível em uma articulação.

hipermobilidade — Amplitude de movimento em uma articulação que é maior ou mais excessiva que os padrões da população.

hipomobilidade — Amplitude de movimento em uma articulação que é menor que os padrões da população.

idiopática — Que não tem causa conhecida.

índice de massa corpórea (IMC) — Uma ferramenta de medição desenvolvida para comparar o peso à altura de uma pessoa. Resultados desta medição são utilizados como uma ferramenta preliminar de diagnóstico de obesidade.

inferior — Quando se refere a um local do corpo, a parte inferior se localiza abaixo (ou mais próximo ao solo) de outra parte ou região do corpo.

insuficiência — Uma falta ou escassez. Uma insuficiência de pesquisa denota uma falta de pesquisa disponível (ou uma quantidade mínima de pesquisa) relacionada ao tema em questão.

intermitente — Que ocorre em diferentes períodos de tempo; no que se refere à dor, intermitente significa que a dor não é consistente por natureza.

jump — Um equipamento de treino que consiste em uma rede flexível, como de cama elástica, que pode ser manipulado para assumir uma variedade de posições angulares no espaço. Esta máquina é frequentemente usada para melhorar a força ou para auxiliar a reabilitação.

lassidão — Jogo ou movimento excessivo criado em uma junta.

lordose — Uma curvatura anterior da coluna vertebral anormal ou excessiva; ocorre principalmente na coluna lombar.

modalidades — Um termo geral usado para descrever equipamentos (por exemplo, estimulação elétrica ou ultrassom) usados em um ambiente de reabilitação para proporcionar um efeito terapêutico ao paciente.

modelo mecânico — Um dos dois modelos teóricos que descrevem como o treinamento pliométrico melhora a energia funcional. O outro modelo é o neurofisiológico.

modelo neurofisiológico — Um dos dois modelos teóricos que descrevem como o treinamento pliométrico melhora a energia funcional. O outro modelo é o mecânico.

pars interarticularis — Componente posterior de uma vértebra, pode estar sujeito a lesões.

pontos de gatilho — Pontos rígidos e dolorosos dentro de um músculo, comuns entre pessoas que sofrem de dores nas costas ou nos ombros.

pós-reabilitação — Refere-se aos pacientes que completaram reabilitação clínica formal, mas que não voltaram completamente para seu estado pré-lesão ou ideal.

posterior — Localizado atrás de algo ou em sua parte traseira.

potenciação — O efeito intensificado resultante da combinação de um objeto ou um evento com outro.

princípio de ligação cinética — A relação biomecânica que define a natureza inter-relacionada de segmentos articulatórios sucessivos no corpo humano.

propriocepção — A capacidade de sentir ou perceber movimento do corpo e sua orientação no espaço.

protrusão discal — Uma lesão em que a parte interna do disco incha em direção à periferia, fazendo pressão contra a parte externa do disco sem que este se rompa.

quatro apoios — Uma posição em que o cliente suporta seu corpo com ambas as mãos e joelhos apoiados na superfície.

rotação interna — Rotação de uma extremidade em torno de seu eixo de rotação em direção ao meio ou à mediana do corpo.

sequenciamento proximal-distal — Refere-se a como uma força pode ser gerada e, em seguida, transferida através do corpo. Por exemplo, conforme um lançador de beisebol começa seu *windup*, ele está gerando uma força com sua perna traseira. Durante o movimento de lançamento, esta força é transferida da extremidade inferior (proximalmente) através do corpo para o braço que lança (distalmente) para maximizar a velocidade do lançamento.

sequestramento discal — Uma lesão em que a parte interna do disco se rompe e se separa do disco.

síndrome da banda iliotibial (SBI) — Uma síndrome associada a dor na parte lateral (externa) do joelho ou da coxa. A banda iliotibial é um tecido conectivo, estendendo-se da lateral do quadril à lateral do joelho. Esta síndrome é muitas vezes provocada por uso excessivo ou por alterações em treinamento associados corrida ou ciclismo.

síndrome do estresse do medial tibial (SEMT) — Uma síndrome de dor que ocorre na perna e provocada por exercício. Uma ou mais causas biomecânicas podem contribuir para essa condição.

suprafisiológico — Refere-se a uma quantidade (força ou carga) que está acima do que o tecido pode experimentar com segurança.

teste de Fairbank — Um teste médico musculoesquelético executado manualmente feito para avaliar a mobilidade da patela.

teste funcional — Um teste físico realizado para identificar padrões de movimento instáveis.

treinamento de *core* — Programas de treinamento que consistem em exercícios dirigidos aos músculos da coluna vertebral, da região abdominal e dos quadris.

valgo — Um alinhamento anormal de um membro; o membro desvia, afastado-se (para fora) da linha mediana do corpo.

válido — Um teste (médico ou funcional) é considerado válido se mede o que se espera que meça.

Referências

Capítulo 1

Brown, K. 2004. One-on-one. Compliance: The phenomenon of giving up. *Strength and Conditioning Journal* 26(3): 68-69.

Chiu, L.Z.F. 2007. Are specific spine stabilization exercises necessary for athletes? *Strength and Conditioning Journal* 29(1): 15-17.

Fredericson, M, Cookingham, C.L., Chaudhari, A.M., Dowdell B.C., Oestreicher, N, e S.A. Sahrmann. 2000. Hip abductor weakness in distance runners with iliotibial band syndrome. *Clinical Journal of Sports Medicine* 10(3): 169-175.

Jaramillo, J., T.W. Worrell, e C.D. Ingersoll. 1994. Hip isometric strength following knee surgery. *Journal of Orthopaedic and Sports Physical Therapy* 20(3): 160-165.

Katz, J.N. 2006. Lumbar disc disorders and low-back pain: socioeconomic factors and consequences. *Journal of Bone and Joint Surgery (Am)* 88 Suppl 2: 21-24.

Kibler, W.B. 1998. The role of the scapula in athletic shoulder function. *American Journal of Sports Medicine* 26(2): 325-337.

Kibler, W.B., J. Press, e A. Sciascia. 2006. The role of core stability in athletic function. *Sports Medicine* 36(3): 189-198.

Leetun D.T., M.L. Ireland, J.D. Willson, B.T. Ballantyne, e M. Davis. 2004. Core stability measures as risk factors for lower extremity injury in athletes. *Medicine and Science in Sports and Exercise* 36(6): 926-934.

Luo, X., R. Pietrobon, S.X. Sun, G.G. Liu, e L. Hey. 2004. Estimates and patterns of direct health care expenditures among individuals with back pain in the United States. *Spine* 29(1): 79-86.

McGill, S. 2002. *Low back disorders*: Evidence-based prevention and rehabilitation. Champaign, IL: Human Kinetics.

Middleton, A. 2004. Chronic low back pain: Patient compliance with physiotherapy advice and exercise, perceived barriers and motivation. *Physical Therapy Reviews* 9(3): 153-160.

Milne, M., C. Hall, e L. Forwell. 2005. Self-efficacy, imagery use, and adherence to rehabilitation by injured athletes. *Journal of Sport Rehabilitation* 14(2): 150-167.

Muse, T. 2005. Motivation and adherence to exercise for older adults. *Topics in Geriatric Rehabilitation* 21(2): 107-115.

Nadler, S.F., G.A. Malanga., M. DePrince, T.P. Stitik, e J.H. Feinberg. 2000. The relationship between lower extremity injury, low back pain, and hip muscle strength in male and female collegiate athletes. *Clinical Journal of Sports Medicine* 10(2): 89-97.

Nadler, S.F., G.A. Malanga, J.H. Feinberg, M. Prybicien, T.P. Stitik, e M. Deprince. 2001. Relationship between hip muscle imbalance and occurrence of low back pain in collegiate athletes: a prospective study. *American Journal of Physical Medicine and Rehabilitation* 80(8): 572-577.

Niemuth, P.E., R.J. Johnson, M.J. Myers, e T.J. Thieman. 2005. Hip muscle weakness and overuse injuries in recreational runners. *Clinical Journal of Sport Medicine* 15(1): 14-21.

Plisky, M.S., M.J. Rauh, B. Heiderscheit, F.B. Underwood, e R.T. Tank. 2007. Medial tibial stress syndrome in high school cross-country runners: incidence and risk factors. *Journal of Orthopaedic and Sports Physical Therapy* 37(2): 40-47.

Rauh, M.J., T.D. Koepsell, F.P. Rivara, A.J. Margherita, e S.G. Rice. 2006. Epidemiology of musculoskeletal injuries among high school cross-country runners. *American Journal of Epidemiology* 163(2): 151-159.

Rauh, M.J., A.J. Margherita, S.G. Rice, T.D. Koepsell, e F.P. Rivara. 2000. High school cross country running injuries: A longitudinal study. *Clinical Journal of Sport Medicine* 10(2): 110-116.

Rasmussen-Barr, E., Nilsson-Wikmar, L., e Arvidsson, I. 2003. Stabilizing training compared with manual treatment in sub-acute and chronic low-back pain. *Manual Therapy* 8(4), 233-241.

Sabin, K.L. 2005. Older adults and motivations for therapy and exercise: Issues, influences, and interventions. *Topics in Geriatric Rehabilitation* 21(3): 215-220.

Vad, V.B., AL. Bhat, D. Basrai, A. Gebeh, D.D. Aspergren, e J.R. Andrews. 2004. Low back pain in professional golfers: the role of associated hip and low back range-of-motion deficits. *American Journal of Sports Medicine* 32(2): 494-497.

Capítulo 2

Behnke, R. 2006. *Kinetic anatomy*. 2nd ed. Champaign, IL: Human Kinetics.

Bogduk, N. 2005. *Clinical anatomy of the lumbar spine and sacrum*. 4th ed. New York: Elsevier.

Ellenbecker, T.S., e G.J. Davies. 2001. *Closed kinetic chain exercises*: A comprehensive guide to multiple joint exercises. Champaign, IL: Human Kinetics.

Katz, J.N. 2006. Lumbar disc disorders and low-back pain: socioeconomic factors and consequences. *Journal of Bone and Joint Surgery (Am)* 88(Suppl 2): 21-24.

Khaund, R., e S.H. Flynn. 2005. Iliotibial band syndrome: A common source of knee pain. *American Family Physician* 71: 1545-1550.

Kibler, W.B. 1994. Clinical biomechanics of the elbow in tennis: Implications for evaluation and diagnosis. *Medicine and Science in Sports and Exercise* 26(10): 1203-1206.

Kibler, W.B., J. Press, e A. Sciascia. 2006. The role of core stability in athletic function. *Sports Medicine* 36(3): 189-198.

Luo, X., Pietrobon, R., Sun, S.X., Liu, G.G., e L. Hey. 2004. Estimates and patterns of direct health care expenditures among individuals with back pain in the United States. *Spine* 29(1): 79-86.

McGill, S. 2002. *Low back disorders*: Evidence-based prevention and rehabilitation. Champaign, IL: Human Kinetics.

Neumann, D.A. 2002. *Kinesiology of the musculoskeletal system*: Foundations for physical rehabilitation. St. Louis: Mosby.

Niemuth, P.E., R.J. Johnson, M.J. Myers, e T.J. Thieman. 2005. Hip muscle weakness and overuse injuries in recreational runners. *Clinical Journal of Sport Medicine* 15(1): 14-21.

Powers, C.M. 2003. The influence of altered lower-extremity kinematics on patellofemoral joint dysfunction: A theoretical perspective. *Journal of Orthopaedic and Sports Physical Therapy* 33(11): 639-646.

Rasmussen-Barr, E., L. Nilsson-Wikmar, e I. Arvidsson. 2003. Stabilizing training compared with manual treatment in sub-acute and chronic low-back pain. *Manual Therapy* 8(4), 233-241.

Richardson, C., G. Jull, P. Hodges, e J. Hides. 1999. *Therapeutic exercise for spinal segmental stabilization in low back pain*: Scientific basis and clinical approach. New York: Churchill Livingstone.

Roetert, E.P., T.S. Ellenbecker, D.A. Chu, e B.S. Bugg. 1997. Tennis-specific shoulder and trunk strength training. *Strength and Conditioning Journal* 19(3): 31-43.

Trainor, T.J., e S.W. Wiesel. 2002. Epidemiology of back pain in the athlete. *Clinical Sports Medicine* 21(1): 93-103.

Travell, J.G., e D.G. Simons. 1983. *Myofascial pain and dysfunction*: The trigger point manual. Vol. 1. Baltimore: Williams & Wilkins.

Young, J.L., J.M. Press, e S.A. Herring. 1997. The disc at risk in athletes: Perspectives on operative and nonoperative care. *Medicine and Science in Sports and Exercise* 29(7): 222-232.

Capítulo 3

Jamnik, V.K., N. Gledhill, e R.J. Shephard. 2007. Revised clearance for participation in physical activity: greater screening responsibility for qualified university-educated fitness professionals. *Applied Physiology, Nutrition, and Metabolism* 32(6): 1191-1197.

McGill, S. 2002. *Low back disorders*: Evidence-based prevention and rehabilitation. Champaign, IL: Human Kinetics.

Shephard, R.J. 1988. PAR-Q, Canadian home fitness test and exercise screening alternatives. *Sports Medicine* 5(3): 185-195.

Thomas, S., J. Reading, e R.J. Shephard. 1992. Revision of the physical activity readiness questionnaire (PAR_Q). *Canadian Journal of Sports Sciences* 17(4): 338-345.

Capítulo 4

Biering-Sorensen, F. 1984. Physical measurements as risk indicators for low-back trouble over a one-year period. *Spine* 9: 106-119.

DiMattia, M.A., A.L. Livengood, T.L. Uhl, C.G. Mattacola, e T.R. Malone. 2005. What are the validity of the single-leg-squat test and its relationship to hip-abduction strength? *Journal of Sport Rehabilitation* 14: 108-123.

Gao, X., D. Gordon, D. Zhang, R. Browne, C. Helms, J. Gillum, S. Weber, S. Devroy, S. Swaney, M. Dobbs, J. Morcuende, V. Sheffield, M. Lovett, A. Bowcock, J. Herring, e C. Wise. 2007. CHD7 gene polymorphisms are associated with susceptibility to idiopathic scoliosis. *American Journal of Human Genetics* 80(5): 957-965.

Gribble, P. 2003. The star excursion balance tests as a measurement tool. *Athletic Therapy Today* 8(2): 46-47.

Jewell, D.V. 2008. *Guide to evidence-based physical therapy practice*. Sudbury, MA: Jones and Bartlett.

Livengood, A.L., M.A. DiMattia, e T.L. Uhl. 2004. "Dynamic trendelenburg": Single-leg-squat test for gluteus medius strength. *Athletic Therapy Today* 9(1): 24-25.

McGill, S. 2002. *Low back disorders*: Evidence-based prevention and rehabilitation. Champaign, IL: Human Kinetics.

Plastaras, C.T., J.D. Rittenberg, K.E. Rittenberg, J. Press, e V. Akuthota. 2005. Comprehensive functional evaluation of the injured runner. *Physical Medicine and Rehabilitation Clinics of North America* 16: 623-649.

Plisky, P.J., M.J. Rauh, T.W. Kaminski, e F.B. Underwood. 2006. Star excursion balance test as a predictor of lower extremity injury in high school basketball players. *Journal of Orthopaedic Sports Physical Therapy* 36(12): 911-919.

Portney, L.G., e M.P. Watkins. 1999. *Foundations of clinical research*: Applications to practice. 2nd ed. Norwalk, CT: Appleton & Lange.

Zeller, B.L., J.L. McCrory, W.B. Kibler, e T.L. Uhl. 2003. Differences in kinematics and electromyographic activity between men and women during the single-legged squat. *American Journal of Sports Medicine* 31: 449-456.

Capítulo 5

Alaranta, H., S. Luoto, M. Heliovaara, e H. Hurri. 1995. Static back endurance and the risk of low-back pain. *Clinical Biomechanics* 10(6): 323-324.

Baechle, T.R., R.W. Earle, e D. Wathen. 2000. Resistance training. In T.R. Baechle and R.W. Earle (Eds.), *Essentials of strength training and conditioning.* 2nd ed. Champaign, IL: Human Kinetics.

Biering-Sorensen, F. 1984. Physical measurements as risk indicators for low-back trouble over a one-year period. *Spine* 9: 106-119.

Doan, B.K., R.U. Newton, Y.H. Kwon, e W.J. Kraemer. 2006. Effects of physical conditioning on intercollegiate golfer performance. *Journal of Strength and Conditioning Research* 20(1): 62-72.

Fletcher, I.M., e M. Hartwell. 2004. Effect of an 8-week combined weights and plyometrics training program on golf drive performance. *Journal of Strength and Conditioning Research* 18(1): 59-62.

McGill, S. 2002. *Low back disorders:* Evidence-based prevention and rehabilitation. Champaign, IL: Human Kinetics.

McGill, S. 2004. *Ultimate back fitness and performance.* Ontario, Canada: Wabano.

Myer, G.D., Ford, K.R., Brent, J.L., e T.E. Hewett. 2006. The effects of plyometric vs. dynamic stabilization and balance training on power, balance, and landing force in female athletes. *Journal of Strength and Conditioning Research* 20(2): 345-353.

Myer, G.D., Chu, D.A., Brent, J.L., e T.E. Hewett. 2008. Trunk and hip control neuromuscular training for the prevention of knee joint injury. *Clinics in Sports Medicine.* 27(3): 425-448.

Wathen, D., T.R. Baechle, e R.W. Earle. 2000. Training variation: Periodization. In T.R. Baechle and R.W. Earle (Eds.), *Essentials of strength training and conditioning.* 2nd ed. Champaign, IL: Human Kinetics.

Capítulo 6

Chu, D.A., e D.J. Cordier. 2000. Plyometrics in rehabilitation. In T.S. Ellenbecker, *Knee ligament rehabilitation.* New York: Churchill Livingstone.

McGill, S.M. 2002. *Low back disorders:* Evidence-based prevention and rehabilitation. Champaign, IL: Human Kinetics.

McGill, S.M. 2004. *Ultimate back fitness and performance.* Waterloo, Ontario, Canada: Wabuno.

Capítulo 7

Alter, M.J. 2004. *Science of flexibility.* 3rd ed. Champaign, IL: Human Kinetics.

Bandy, W.D., J.M. Irion, e M. Briggler. 1994. The effect of time on static stretch on the flexibility of the hamstring muscles. *Physical Therapy* 74(9): 845-852.

Bannerman, N., E. Pentecost, S. Rutter, S. Willoughby, e A. Vujnovich. 1996. Increase in soleus muscle length: A comparison between two stretching techniques. *New Zealand Journal of Physiotherapy* 24(3): 15-18.

Barlow, A., R. Clarke, N. Johnson, B. Seabourne, D. Thomas, e J. Gal. 2004. Effect of massage on the hamstring muscle

group on performance of the sit and reach test. *British Journal of Sports Medicine* 38: 349-351.

Beedle, B.B., e C.L. Mann. 2007. A comparison of two warm-ups on joint range of motion. *Journal of Strength and Conditioning Research* 21(3): 776-779.

Boyle, K.L., P. Witt, e C. Riegger-Krugh. 2003. Intra-rater and inter-rater reliability of the Beighton and Horan joint mobility index. *Journal of Athletic Training* 38: 281-285.

Bradley, P.S., P.D. Olsen, e M.D. Portas. 2007. The effect of static, ballistic, and proprioceptive neuromuscular facilitation stretching on vertical jump performance. *Journal of Strength and Conditioning Research* 21(1): 223-226.

Brumitt, J. 2008. The role of massage in sports performance and rehabilitation: Current evidence and future direction. *North American Journal of Sports Physical Therapy* 3(1): 7-21.

Clark, M.A., e A. Russell. 2002. *Optimum performance training for the performance enhancement specialist:* Home study course. Thousand Oaks, CA: National Academy of Sports Medicine.

Decoster, L.C., J. Cleland, C. Altieri, e P. Russell. 2005. The effect of hamstring stretching on range of motion: A systematic literature review. *Journal of Orthopaedic and Sports Physical Therapy* 35: 377-387.

Faigenbaum, A.D., M. Belluci, A. Bernieri, B. Bakker, e K. Hoorens. 2005. Acute effects of different warm-up protocols on fitness performance in children. *Journal of Strength and Conditioning Research* 19(2): 376-381.

Fredericson, M., J.J. White, J.M. MacMahon, e T.P. Andriacchi. 2002. Quantitative analysis of the relative effectiveness of 3 iliotibial band stretches. *Archives of Physical Medicine and Rehabilitation* 83: 589-592.

Hendrick, A. 2000. Dynamic flexibility training. *Strength and Conditioning Journal* 22(5): 33-38.

Hewett, T.E., T.N. Lindenfeld, J.V. Riccobene, e F.R. Noyes. 1999. The effect of neuromuscular training on the incidence of knee injury in female athletes: A prospective study. *American Journal of Sports Medicine* 27(6): 699-706.

Holcomb, W.R. 2000. Stretching and warm-up. In T.R. Baechle and R.W. Earle (Eds.), *Essentials of strength training and conditioning.* 2nd ed. Champaign, IL: Human Kinetics.

Hopper, D., M. Conneely, F. Chromiak, E. Canini, J. Berggren, e K. Briffa. 2005. Evaluation of the effect of two massage techniques on hamstring muscle length in competitive female hockey players. *Physical Therapy in Sport* 6: 137-145.

Jeffreys, I. 2008. Warm-up and stretching. Chap. 13 in T.R. Baechle and R.W. Earle (Eds.), *Essentials of strength training and conditioning.* 3rd ed. Champaign, IL: Human Kinetics.

Kaltenborn, J.M. 2006. The foam roll: A complement to any therapy. *Athletic Therapy Today* 11(1): 38-39.

LaRoche, D.P., e D.A.J. Connolly. 2006. Effects of stretching on passive muscle tension and response to eccentric exercise. *American Journal of Sports Medicine* 34(6): 1000-1007.

Avaliação e Treinamento do *Core*

Little, T., e A.G. Williams. 2006. Effects of differential stretching protocols during warm-ups on high-speed motor capacities in professional soccer players. *Journal of Strength and Conditioning Research* 20(1): 203-207.

Mangine, G.T., N.A. Ratamess, J.R. Hoffman, A.D. Faigenbaum, J. Kang, e A. Chilakos. 2008. The effects of combined ballistic and heavy resistance training on maximal lower- and upper-body strength in recreationally trained men. *Journal of Strength and Conditioning Research* 22(1): 132-139.

Messier, S.P., D.G. Edwards, e D.F. Martin. 1995. Clinical investigations: Etiology of iliotibial band friction syndrome in distance runners. *Medicine and Science in Sports and Exercise* 27(7): 951-960.

Nelson, A.G., J. Kokkonen, e D.A. Arnall. 2005. Acute muscle stretching inhibits muscle strength endurance performance. *Journal of Strength and Conditioning Research* 19(2): 338-343.

Paluska, S.A. 2005. An overview of hip injuries in running. *Sports Medicine* 35(11): 991-1014.

Rubini, E.C., A.L.L. Costa, e P.S.C. Gomes. 2007. The effects of stretching on strength performance. *Sports Medicine* 37(3): 213-224.

Stone, M., M.W. Ramsey, A.M. Kinser, H.S. O'Bryant, C. Ayers, e W.A. Sands. 2006. Stretching: Acute and chronic? The potential consequences. *Strength and Conditioning Journal* 28(6): 66-74.

Unick, J., H.S. Kieffer, W. Cheesman, e A. Feeney. 2005. The acute effects of static and ballistic stretching on vertical jump performance in trained women. *Journal of Strength and Conditioning Research* 19(1) (February): 206-212.

Woods, K., P. Bishop, e E. Jones. 2007. Warm-up and stretching in the prevention of muscular injury. *Sports Medicine* 37(12): 1089-1099.

Woolstenhulme, M.T., C.M. Griffiths, E.M. Woolstenhulme, e A.C. Parcell. 2006. Ballistic stretching increases flexibility and acute jump height when combined with basketball activity. *Journal of Strength and Conditioning Research* 20(4): 799-803.

Yamaguchi, T., e K. Ishii. 2005. Effects of static stretching for 30 seconds and dynamic stretching on leg extension power. *Journal of Strength and Conditioning Research* 19(3): 677-683.

Yamaguchi, T., K. Ishii, M. Yamanaka, e K. Yasuda. 2006. Acute effect of static stretching on power output during concentric dynamic constant external resistance leg extension. *Journal of Strength and Conditioning Research* 20(4): 804-810.

Capítulo 8

Allerheiligen, B., e R. Rogers. 1995. Plyometrics program design, part 2. *NSCA Journal* 17(5): 33-39.

Chu, D.A. 1998. *Jumping into plyometrics*. 2nd ed. Champaign, IL: Human Kinetics.

Chu, D.A. 2001. Point/counterpoint: Plyometrics or not?—Counterpoint. *Strength and Conditioning Journal* 23(2): 71-72.

Chu, D.A., e D.J. Cordier. 2000. Plyometrics in rehabilitation. In T.S. Ellenbecker, *Knee ligament rehabilitation*. New York: Churchill Livingstone.

Doan, B.K., R.U. Newton, Y.H. Kwon, e W.J. Kraemer. 2006. Effects of physical conditioning on intercollegiate golfer performance. *Journal of Strength and Conditioning Research* 20(1): 62-72.

Fletcher, I.M., e M. Hartwell. 2004. Effect of an 8-week combined weights and plyometrics training program on golf drive performance. *Journal of Strength and Conditioning Research* 18(1): 59-62.

Harman, E. 2000. The biomechanics of resistance exercise. In T.R. Baechle and R.W. Earle (Eds.), *Essentials of strength training and conditioning*. 2nd ed. Champaign, IL: Human Kinetics.

Hewett, T.E., T.N. Lindenfeld, J.V. Riccobene, e F.R. Noyes. 1999. The effect of neuromuscular training on the incidence of knee injury in female athletes: A prospective study. *American Journal of Sports Medicine* 27(6): 699-706.

Hewett, T.E., A.L. Stroupe, T.A. Nance, e F.R. Noyes. 1996. Plyometric training in female athletes: Decreased impact forces and increased hamstring torques. *American Journal of Sports Medicine* 24(6): 765-773.

Holcomb, W.R., D.M. Kleiner, e D.A. Chu. 1998. Plyometrics: considerations for safe and effective training. *Strength and Conditioning Journal* 20(3): 36-39.

Knuttgen, H., e W. Kraemer. 1987. Terminology and measurement in exercise performance. *Journal of Applied Sport Science Research* 1(1): 1-10.

National Strength and Conditioning Association. 1993. *National Strength and Conditioning Journal* 15(3):16.

Potach, D.H., e D.A. Chu. 2000. Plyometric training. In T.R. Baechle and R.W. Earle (Eds.), *Essentials of strength training and conditioning*. 2nd ed. Champaign, IL: Human Kinetics.

Radcliffe, J.C, e R.C. Farentinos. 1999. *High-powered plyometrics*. Champaign, IL: Human Kinetics.

Stone, M.H., e H.S. O'Bryant. 1987. *Weight training*: A scientific approach. Minneapolis: Bellwether Press.

Wathen, D. 1993. Literature review: plyometric exercise. *National Strength and Conditioning Journal* 15(3): 17-19.

Capítulo 9

Allegrucci, M., S.L. Whitney, e J.J. Irrgang. 1994. Clinical implications of secondary impingement of the shoulder in freestyle swimmers. *Journal of Orthopaedic Sports Physical Therapy* 20(6): 307-318.

ACOG Committee on Obstetric Practice. 2002. ACOG Committee Opinion. Number 267, January 2002: Exercise during pregnancy and the postpartum period. *Obstetrics and Gynecology* 99: 171-173.

Anderson, K., S.M. Strickland, e R. Warren. 2001. Hip and groin injuries in athletes. *American Journal of Sports Medicine* 29(4): 521-533.

Brumitt, J., e R.B. Dale. 2008. Functional rehabilitation exercise prescription for golfers. *Athletic Therapy Today* 13(2): 37-41.

Coleman, S.C., e A.J. Rankin. 2005. A three-dimensional examination of the planar nature of the golf swing. *Journal of Sports Sciences* 23(3): 227-234.

Doan, B., R. Newton, Y. Kwon, e W. Kraemer. 2006. Effects of physical conditioning on intercollegiate golfer performance. *Journal of Strength and Conditioning Research* 20(1): 62-72.

Evans, C., e W. Oldreive. 2000. A study to investigate whether golfers with a history of low back pain show a reduced endurance of transversus abdominis. *Journal of Manipulative and Physiological Therapeutics* 8(4): 162-174.

Evans, K., K. Refshauge, R. Adams, e L. Aliprandi. 2005. Predictors of low back pain in young elite golfers: A preliminary study. *Physical Therapy in Sport* 6(3): 122-130.

Fletcher, I., e M. Hartwell. 2004. Effect of an 8-week combined weights and plyometric training program on golf drive performance. *Journal of Strength and Conditioning Research* 18(1): 59-62.

Grote, K., T.L. Lincoln, e J.G. Gamble. 2004. Hip adductor injury in competitive swimmers. *American Journal of Sports Medicine* 32(1): 104-108.

Hosea, T.M., e C.J. Gatt Jr. 1996. Back pain in golf. *Clinics in Sports Medicine* 15(1): 37-53.

Lindsay, D., e J. Horton. 2006. Comparison of spine motion in elite golfers with and without low back pain. *North American Journal of Sports Physical Therapy* 1(2): 80-89.

McHardy, A., H. Pollard, e K. Luo. 2006. Golf injuries: A review of the literature. *Sports Medicine* 36(2): 171-187.

Ostelo, R.W., H.C. de Vet, G. Waddell, M.R. Kerckhoffs, P. Leffers, e M. van Tulder. 2003. Rehabilitation following first-time disc surgery: A systematic review within the framework of the Cochrane collaboration. *Spine* 28(3): 209-218.

Pollard, H., e M. Fernandez. 2004. Spinal musculoskeletal injuries associated with swimming: A discussion of technique. *Australasian Chiropractic and Osteopathy* 12(2): 72-80.

Rasmussen-Barr, E., L. Nilsson-Wikmar, e I. Arvidsson. 2003. Stabilizing training compared with manual treatment in sub-acute and chronic low-back pain. *Manual Therapy* 8(4): 233-241.

Stocker, D., M. Pink, e F.W. Jobe. 1995. Comparison of shoulder injury in collegiate- and master's-level swimmers. *Clinical Journal of Sport Medicine* 5(1): 4-8.

Tyler, T.F., S.J. Nicholas, R.J. Campbell, S. Donellan, e M.P. McHugh. 2002. The effectiveness of a preseason exercise program to prevent adductor muscle strains in professional hockey players. *American Journal of Sports Medicine* 30(5): 680-683.

Tyler, T.F., S.J. Nicholas, R.J. Campbell, e M.P. McHugh. 2001. The association of hip strength and flexibility with the incidence of adductor muscle strains in professional ice hockey players. *American Journal of Sports Medicine* 29(2): 124-128.

Vad, V.B., A.L. Bhat, D. Basrai, A. Gebeh, D.D. Aspergren, e J.R. Andrews. 2004. Low back pain in professional golfers: The role of associated hip and low back range-of-motion deficits. *American Journal of Sports Medicine* 32(2): 494-497.

Índice Remissivo

Nota: Os *f, os q* e os *t* em itálico após os números de página se referem a Figuras, Quadros e Tabelas, respectivamente.

A

AAM (amplitude ativa de movimento) 89
abdominal 63, 63f
abdominal "canivete" 76, 76f
abdominal em uma *physioball* 71, 71f
abdominal inverso 71, 71f
adutores do quadril
    alongamentos para 109-112, 109f, 110f, 111f
    lesões 136q, 137
agachamento com barra ou halteres 80, 80f
agachamento lateral 84, 84f
agachamento lateral de joelhos 110, 110f
agachamento unilateral 83, 83f
agachamento unilateral com caminhada 98
agachamento unilateral com caminhada para trás 98
agachamento unilateral com giro 83, 83f
agachamento unilateral com rotação com bola 85, 85f
agachamento unilateral para trás 84, 84f
ALM (alongamento de liberação miofascial) 95
alongamento ajoelhado de flexores do quadril 108, 108f
alongamento balístico 92-93, 93q
alongamento contrair-relaxar 94, 101, 101f
alongamento de joelhos no peito 114
alongamento de liberação miofascial (ALM) 95
alongamento de oração (e com flexão lateral) 114
alongamento do supino adutor 110, 110f
alongamento dinâmico 92, 92q
alongamento estático 90-92, 91q
alongamento estático para os isquiotibiais 96-97, 96f
alongamento por agachamento lateral 111, 111f
alongamento por contração do agonista 94
alongamento por facilitação neuromuscular proprioceptiva 93-95, 94q
alongamento por FNP 93-95, 94q
alongamento sentado para a virilha 110, 110f
alongamento SR (sustentar-relaxar) 94
alongamento sustentar-relaxar (SR) 94
alongamentos
    para o glúteo máximo 106-107, 107f

para o músculo longuíssimo dorsal 117-118, 118f
para o piriforme 112-113, 113f
para o quadríceps 103-104
para o tensor da fáscia lata e a banda iliotibial 105-106, 105f, 106f
para os adutores do quadril 109, 109f, 110-112, 110f, 111f
para os flexores do quadril 108-109, 108f
para os isquiotibiais 96-103, 96f-103f
para os músculos abdominais 115-116
para os músculos da lombar 114-115, 114f, 115f
por FNP 93-95, 94q
rolos de espuma em 95
tipos de 90-93, 91q, 92q, 93q
alongamentos para a banda iliotibial 105-106, 105f, 106f
alongamentos para a BIT 105-106, 105f, 106f
alongamentos para a lombar 114-115, 114f, 115f
alongamentos para os isquiotibiais
    dinâmico 97-98, 97f
    estático 96-97, 96f
    FNP 99-102, 99f-102f
alongamentos para o quadríceps 103-104
AM (amplitude de movimento) 40-41, 41f, 89-90
amplitude ativa de movimento (AAM) 89
amplitude de movimento (AM) 40-41, 41f, 89-90
amplitude passiva de movimento (APM) 89-90
anatomia do *core* 9-25
    abdômen 17-18, 17f, 18q
    discos intervertebrais 12, 12f
    integração entre estrutura e função 23-25, 24f, 25f
    músculos da espinha 12-16, 12f-16-f
    pélvis e quadris 19-21, 19f, 20f, 22f
    sistema esquelético 10-11, 10f, 11f
anatomia óssea 10-11, 10f, 11f
APM (amplitude passiva de movimento) 89-90
apoio na parede 30f, 62, 62f
atletas
    desempenho de 139-141, 139t, 140t, 141t

determinação de metas para 28, 51
industriais 6, 23
série de agachamento de Chu para 71
treinamento de *core* para destreinados 139, 139t
atletas de beisebol 140, 140t
atletas de *cross-country* 2
atletas de lançamento 139, 140t
atletas do sexo feminino 2, 7
atletas industriais 6, 23
avanço para trás 84, 84f
avaliação de agachamento 41, 41f
avaliação de agachamento unilateral 42, 42f
avaliação física 37-49
    amplitude ativa de movimento em pé 40-41, 41f
    de postura 38-40, 38f, 39f, 40q
    descrições de 37-38
    marcando os pontos dos testes 49, 49t
    posições deitado de lado 46-47, 46f, 47f
    posições pronadas 48-49, 48f
    posições supinas 44-46, 44f, 45f, 46f
    teste funcional em pé 41-43,

B

barra fixa 81, 81f
barra fixa com giro 75, 75f
basquete, alongamento dinâmico e 93

C

cadeira romana 78-, 78f
caminhada com rotação lateral 105, 105f
caminhar com as mãos 97, 97f
cargas suprafisiológicas 7
cifose 39, 39f, 40q
clientes idosos 29, 29f
coluna
    anatomia óssea da 11
    lesões de 133-135, 134f, 136f
    músculos da 12-16, 12f-15-f
componente elástico de série (CES) 119-120
concha em uma *physioball* 74, 74f
condicionamento físico, treinamento de *core* e 5-6
confiabilidade dos testes 37
contração abdominal 57-58
core, definição de 4
core, anatomia do. *Ver* anatomia do *core*

Índice Remissivo

crianças 122,137
cruzamento de quadril 70, 70f

D
desempenho 8, 139-141, 139t, 140t, 141t
desenvolvimento de programas 51-56
escolha de exercícios 52-54, 53f
  histórico de lesões 30-31, 52
  metas de treinamento em 51
  nível de treinamento atual e 51-52
  para treinamento pliométrico 121
  pontos fracos no 3-4
  princípios de periodização em 54-56,
    55t, 56t
  repetições em 53f
  treinamento de equilíbrio e de estabi-
    lidade 56
desenvolvimento em uma *physioball* 73, 73f
dinamômetros portáteis 2
discos intervertebrais 12, 12f
distensão do músculo lombar 133-134, 134f
dor lombar 1, 6-8

E
elevação das duas pernas deitado de lado
  74, 74f
elevação de braço e perna opostos em
  quatro apoios 65, 65f
elevação de perna estendida 64, 64f
elevação de perna estendida deitado de
  lado 61, 61f
elevação de perna na *physioball* 72, 72f
encontrando a coluna neutra em quatro
  apoios 58-59, 58f
entrevista com o cliente 27-36
  considerações sobre o estabelecimento
    de metas 28-29, 51
  idade do cliente 29
  histórico de programas de exercício 30
  histórico de lesões de dores 30-31
  histórico médico 27-28, 30-31, 34-36
  PAR-Q 27, 32-33
  permissão médica 27
  ocupação do cliente 29-30
entrevistas. *Ver* entrevista com o cliente
eretor da espinha 14, 15q, 16f, 86t
escoliose 39, 39f, 40q
espondilólise, espondilolistese 135, 136f
estabilidade do *core*, definição de 5
estabilização de *core*, definição de 5
exame da coluna vertebral com amplitude
  ativa de movimento 40
exercício de elevação de braço e perna
  opostos 65, 65f

exercícios de força do *core* 83-85, 83f-85f,
  86t-88t
exercício de remo na barra em "T" 31
exercício de rotação com cabo no plano
  29, 29f
exercícios de resistência de *core* 57-88
  avançados 74-79, 74f-79f
  básicos 58-64, 58f-64f
  com *medicine balls* e *physioballs* 71-76,
    71f-77f
  contração abdominal 57-58
  intermediários 65-71, 65f-70f
  para músculos específicos 86t-88t
  treinamento de equilíbrio e 56
extensão de quadril pronada 60, 60f

F
fase de amortização 120
fase de força básica 54-55, 55t, 56t
fase de hipertrofia-resistência 54, 55t
fase de treinamento de força 55
flexibilidade 53-54, 89-90. *Ver também*
  alongamentos
flexibilidade dinâmica 90
flexibilidade estática 90
força-potência 53, 54
formulário PARmed-X 27
fuso muscular 119-120

G
gêmeo inferior 19f, 21, 22q
gêmeo superior 19f, 21, 22q
giro e toque 129, 129f
giro pronado 76, 76f
giro romano 78, 78f
giro russo 79, 79f
giro russo em uma *physioball* 79, 79f
giros com *medicine ball* 127, 127f
glúteo máximo
  alongamento para 106-107, 107f
  anatomia do 19, 19f, 22q
  exercícios para 87t
glúteo médio 19f, 20, 22q, 87t
glúteo mínimo 19f, 20, 22q, 87t
golfistas 7, 120, 141, 141t
goniômetros 89
gravidez, treinamento de *core* durante
  138-139
grupo segmentar curto 16

H
hérnias 137-138
hipermóvel 90
hipomóvel 90
hot spots 95

I
ilíaco 19, 19f, 22q, 87t
iliopsoas 19, 19f, 22t
índice de massa corpórea (IMC) 2
isquiotibial invertido 75, 75f

L
lançamento em concha com *medicine ball*
  127, 127f
lançamento lateral 125, 125f
lançamento lateral sentado com *medicine
  ball* 129, 129f
lançamento para trás 126, 126f
lançamento por baixo 124, 124f
lançamento por cima 124, 124f
lance de colher com *medicine ball* 132, 132f
lassidão das articulações 90
lesões
  avulsão 137
  da coluna vertebral 133-135, 134f, 136f
  de quadril 136-138, 136f, 136q
  histórico do cliente de 30-31, 52
  por esporte 139-141, 139t, 140t, 141t
  prevenção de 6-8
  razões para 1-3
lesões discais 134-135, 134q
lesões por avulsão 137
levantamento terra romeno 80, 80f
longuíssimo dorsal
  alongamento para 117-118, 118f
  anatomia de 13f, 14, 14q
  exercícios para 86t
lordose 39-40, 40q

M
medicine ball 68-69, 68f, 69f
método de choque. *Ver* treinamento
  pliométrico
mobilidade articulatória 90
modelo mecânico 119
modalidades 3
modelo neurofisiológico 119-120
músculos
  abdominal 17-18, 17f, 18q
  da coluna vertebral 12-16, 12f-16f
  exercícios para específicos 86t-88t
  musculatura esquelética 5f
  pélvis e quadril 19-21, 19f, 20f, 22q
músculos abdominais
  anatomia dos 17-18, 17f, 18q
  contração para 115-116
músculos oblíquos 17-18, 17f, 18q, 87t
músculos transversoespinhais 15, 15q,
  16f, 86t

N

natação 139-140, 140t
núcleo pulposo herniado 134-135, 134q

O

obturador externo 19f, 21, 22q
obturador interno 19f, 21, 22q
osteoartrite do quadril 138
ostra 61,61f
over-unders 69, 69f

P

padrões diagonais no cabo 82, 82f
PAR-Q 27, 32-33
passe *pull-over* 128, 128f
passos para o lado cabo 63, 63f
pélvis, anatomia da 19-20, 19f, 20f
permissão médica 27
personal trainers 28-29
pesquisas epidemiológicas 2
physioball 70-74, 70f-74f
pico em uma *physioball* 74, 74f
piriforme
  alongamentos para 112-113, 113f
  anatomia de 19f, 20-21, 20f, 22q
  exercícios para 88t
postura plana de costas 39, 39f, 40q
ponte 60-61, 60f
ponte com caminhada 66, 66f
ponte em uma *physioball* 70,70f
ponte com extensão de perna 66, 66f
ponte lateral (prancha lateral) 53, 64, 64f, 66, 66f
ponte lateral com abdução de quadril 76, 76f
ponte lateral com rotação externa do ombro 77, 77f
pontos de gatilho 13-14, 95
posição de cobra 114
posição em quatro apoios com elevação de braço 59, 59f
posição em quatro apoios com extensão de perna 59-60, 59f
postura 38, 39-40, 39f, 40q
potenciação 120
prancha em três apoios com extremidade superior 77, 77f
prancha frontal 67, 67f
prancha frontal com extensão de braço e perna opostos 67, 67f
prancha frontal com extensão de braço ou de perna 67, 67f
princípio de ligação cinética 23-24, 24f, 25f
princípios de periodização 54-56, 55t, 56t
profissionais de saúde 29
prancha com giro na bola 72, 72f

prancha pronada 64, 64f
psoas maior 19, 19f, 22q, 87t
pulley com cotovelos estendidos 62, 62f

Q

quadrado lombar 19f, 21, 22q
quadril. Ver também abdutores de quadril
  abdução 7
  amplitude passiva de movimento do 44, 44f
  anatomia de 19-21, 19f, 20f, 22q
  flexores 108-109, 108f, 136q, 137
  lesões 136-138, 136f, 136q
  osteoartrite de 138
  rotadores externos 7, 88t
  rotadores internos 88t

R

reabilitação 6, 28
reach-ups com *medicine ball* 128, 128f
remada sentada 82, 82f
repetições 52,53, 53f
reto abdominal (RA) 17, 17f, 18q, 86t
reto femoral 136q, 137
rolos de espuma
  para a banda iliotibial 106, 106f
  para o glúteo máximo 107, 107f
  para o músculo longuíssimo dorsal 118, 118f
  para o piriforme 113, 113f
  para o quadríceps 104, 104f
  para os adutores do quadril 109, 109f
  para os isquiotibiais 103, 103f
  para os músculos da lombar 115, 115f
uso de, no alongamento 95
rotação de tronco 114, 114f, 125, 125f
rotação de tronco em pé 69, 69f
rotações de tronco alto-baixo em pé 72, 72f

S

salto em profundidade 120
SBIT (síndrome da banda iliotibial) 3
segmento lombossacral 135
sequência de treinamento de pirâmice invertida 53
sequenciamento proximal-distal 4, 8
série de alongamentos unilaterais de Chu para atletas 85
síndrome da iliotibial banda (SBIT) 3
síndrome do estresse medial tibial (SEMT) 2
síndrome do quadril desencaixado 138
sit-up e lançamento 130, 130f
supino em uma *physioball* 73, 73f
sustentar-relaxar com contração do agonista 95
swing vertical 131, 131f

T

TA (transverso abdominal) 17, 17f, 18q
TEE (teste de equilíbrio na estrela) 43, 43f
tênis 140, 140t
tensor da fáscia lata (TFL)
  alongamentos para 105-106, 105f, 106f
  anatomia de 20, 20f, 22q
  exercícios para 88t
teste de agachamento em um perna só 42, 42f, 43q
teste de cruzamento de quadril 41, 41f
teste de elevação de perna estendida 45, 45f
teste de Ely 48, 48f
teste de equilíbrio na estrela (TEE) 43, 43f
teste de musculatura lateral 46, 46f
teste de Ober 47, 47f
teste de prumo 38, 38f
teste de resistência do flexor 46, 46f
teste de Thomas 45, 45f
teste dos extensores das costas 48, 48f
testes de validade 37
testes funcionais 37
toque de dedo cruzado 97-97f
transverso abdominal (TA) 17, 17f, 18q, 89t
trapézio 13-14, 13f, 14q, 86t
treinamento de *core* 4-8
treinamento de equilíbrio 56
treinamento de estabilidade. *Ver* estabilidade do *core*
  exercícios
treinamento de resistência 52-53
treinamento pliométrico
  ciência de 119-120
  crianças e 122
  dados de pesquisa sobre 120
  definição 52
  exercícios para o *core* 54
  exercícios por esporte 123q
  história de 119
  pré-requisitos para 121-122
  princípios de desenvolvimento de programa 121
  quando implementar 122-123

Sobre o Colaborador

Jason Brumitt, MSPT, SCS, ATC, CSCS*D, é um instrutor de fisioterapia na Pacific University, em Hillsboro, Oregon. Obteve seu mestrado científico em Fisioterapia pela Pacific University e atualmente é candidato a doutoramento na Rocky Mountain University of Health Professions. Brumitt é *board certified*[1] em Fisioterapia Esportiva e certificado como treinador desportivo. Ele também é um especialista em Força e Condicionamento certificado com distinção. Além de suas responsibildades educativas, reabilitação clínica para os estudantes-atletas da Pacific University

Brumitt é autor de "Ounce and Prevention", uma coluna regular do *Performance Training Journal*, da National Strength and Conditioning Association (NSCA). Publicou um grande número de artigos sobre medicina esportiva e treinamento de força no *North American Journal of Sports and Physical Therapy*, no *New Zeland Journal of Physiotherapy*, no *Physiotherapy Theory and Practice*, no *Strength and Conditioning Journal* e no *Athletic Therapy Today*. Brumitt apresentou palestras sobre treinamento do *core* em conferências profissionais locais e nacionais como um palestrante convidado tanto para a NSCA como para a Northwest Athletic Trainers' Association (NWATA).

Brumitt, sua esposa e seus três filhos residem em Damascus, Oregon.

---

[1] N.T.: certificado pelo conselho.

Menu do *DVD*

Avaliação Física e Teste Funcional

Teste de Prumo
Teste de Amplitude Ativa de Movimento (AAM) da
  Coluna – Rotação
Teste Cruzado à Frente do Quadril
Avaliação de Agachamento
Avaliação de Avanço
Teste de Avanço de uma só Perna
Teste de Equilíbrio na Estrela
Amplitude Passiva de Movimento do Quadril – Rotação
  Interna
Amplitude Passiva de Movimento do Quadril – Rotação
  Externa
Teste de Elevação de Perna Estendida
Teste de Thomas
Teste de Ober

Exercícios para o *Core*

Contração Abdominal
Encontrando a Coluna Neutra em Quatro Apoios
Elevação de Perna Estendida
Ponte com Marcha
Ponte com Extensão de Perna
Avanço com Giro
Avanço para Trás
Avanço com Rotação Segurando a Bola
Série de Avanços de Chu para Atletas
Rotações de Tronco Alto-Baixo em Pé
Over-Unders
Cruzamento de Quadril
Concha na *Physioball*
Prancha com Giros na Bola
Supino em uma *Physioball*
Desenvolvimento em uma *Physioball*
Canivete na *Physioball*
Aviãozinho
Barra Fixa com Giro
Giro Pronado
Abdominal "Canivete"
Ponte/Prancha Lateral com Rotação Externa do Ombro

Prancha em Três Apoios
Giro Romano
Giro Russo
Giro Russo em uma *Physioball*
Levantamento Terra Romeno (*Stiff*)
Barra Fixa
Remada Sentada
Puxada Diagonal no Cabo

Flexibilidade do *Core*

Toque Cruzado da Ponta dos Pés
Contrair-Relaxar
Sustentar-Relaxar com Contração do Agonista
Aplicação de Rolo de Espuma para os Isquiotibiais
Aplicação de Rolo de Espuma para o Quadríceps
Marcha com Rotação Lateral
Aplicação de Rolo de Espuma para a Banda Iliotibial
Aplicação de Rolo de Espuma para o Glúteo Maximo
Aplicação de Rolo de Espuma para os Adutores do Quadril
Agachamento Lateral de Joelhos
Alongamento de Agachamento Lateral
Aplicação de Rolo de Espuma para o Piriforme
Aplicação de Rolo de Espuma para os Músculos da Lombar
Aplicação de Rolo de Espuma para o Latíssimo Dorsal

Treinamento Pliométrico

Lançamento por Baixo
Lançamento por Cima
Rotação de Tronco
Lançamento Lateral
Lançamento para Trás
Lançamento Lateral Sentado com *Medicine Ball*
Reach-ups com *Medicine Ball*
Passe *Pull-over*
Sit-up com *Medicine Ball*
Giro e Toque
Sit-up e Lançamento
Swing Vertical
Lançamento em Concha com *Medicine Ball*